昭和のあの頃
ぼくたちは
小学生だった

かねこたかし
絵・柴慶忠

昭和のあの頃ぼくたちは小学生だった

はじめに

楽しかったな〜ァ

昭和のあの頃　ぼくたちは小学生だった

ぼくは、子どもの頃、別《わ》けても小学時代（昭和二十四年四月入学〜三十年三月卒業）のことが、何から何まで懐かしい。貧しかったが、貧しさそのものまで懐かしい。

父の休みは、月頭の一日と月中の十五日。あとは正月三が日だけだった。その年間三十日にも満たない休日は、あばら家の修理や改修などに消えるばかり。

母はそれ以上に忙しかった。三種の神器も無い中での家事だけでも大層なのに、昼には近隣に職場がある父が昼食を摂りに帰って来る。再度父を送り出すと和裁や袋貼りの内職をし、月末には町会費の集金バイトに駆け回った。内では割烹着、外ではもんぺ姿で大車輪の母だった。

そうした中でも、夕飯時には一家が揃《そろ》っての和楽《わらく》である。苦い話はトント出ない。あしたに続く明るい話題をちりばめてくれた。金銭的なゆとりが無くても、心のゆとりは充分あった。

ぼくたちが憶える郷愁を、今の子どもたちがぼくたちの世代になった時、はたして同じように憶えるだろうか？　今の子のポケットには、ボタン一つで使える電話機やテレビが入っている。図書館も丸ごと入っていて、知りたいことは瞬時にわかる。じつに便利に見えるけど、そのポケットには、招かれざる詐欺師やストーカーやいじめっ子らも入っている。

リニアモーターカーは点から点へ「旅情、感情あるものか」と、一徹邁進《いってつまいしん》、人間をモノのように直送する。「成長戦略」という言葉は、〝心のゆとり〟に一瞥《いちべつ》もくれない。多くの人は、与えられた目的だけを追う日々の中に生かされている。

それでも尚《なお》、時間の経過というものが、今に生きる人たちに「そののちの郷愁」というものを与えてくれるのだろうか？

あの頃、ラジオはみんなで聴くものだった。テレビはみんなで見るものだった。遊びとは、お手玉、あやとり、ままごと、缶蹴り、チャンバラ…と、みんなで楽しむものだった。食事とは、一家が揃うものだった。買い物かごの中にあるのは、食べるものも包装物も、すべてが自然に還るものだった。

自然回帰は当たり前のことだったから、わざとらしく「自然に優しく」なんてことは言わない。売るも買うも、仕事も遊びも、すべての行為は人と人。面と向かった会話の中から始まっていた。

ぼくは、その何もかもが懐かしい。何もかもが無くなったから、余計にそれが懐かしい。人間が人間らしく生きるために必要なのは、心豊かな環境だろう。その環境が過去には有った。今は…無い。

せめてこの手に欲しいのは、安らかだった過去を笑って語りあえる環境だろう。ぼくはそう思ってこの本を書いた。ぼくだけではなく、友だちの、ひいては同世代のみなさんのためになればいいなと思って書いた。

忘却の中で眠っている過去を、一つでも二つでも呼び戻し、みなさんの笑顔の糧としていただけたらうれしい。

廻ってそれが、次世代のみなさんのためともなったら、重ねてうれしい。

かねこたかし

回想法を通じて貴重な記憶を未来へ

黒川由紀子

本書を開けば、そこには昭和の生活が躍動している。どの世代が読んでもわくわくする。だが、昭和を生きた高齢者の心をとりわけ深く静かに揺さぶることは間違いない。

本書は「回想法」の上質なツールとなるだろう。

回想法とは何か。

回想法は、高齢者のための心理療法。1960年代にアメリカで提唱されて以来、世界各国でさかんに行われている。認知症の人や認知症予防にも有効といわれる。イギリス、デンマーク、日本には回想法センターがある。

回想法は、高齢者の人生の体験を傾聴し、誰かと分かちあうことで、高齢者が心豊かな時間を過ごし、自尊心を高め、人生の意味を再発見することを目指す方法である。

誰かと昔話を分かちあえば、孤独感の解消にもつながる。うつや自殺防止にひと役買う。孫や子ども世代と一緒に話に花を咲かせれば、昭和の歴史や生活の伝承につながる。

もっとも、いざ高齢者と会話をしようと思っても、若い人は高齢者の生きてきた時代を知らず、話すきっかけがうまくつかめないようだ。

本書を手に取れば、家庭、施設やデイサービス等で、若い人が高齢者と話すきっかけが生まれる。

文章と絵が、読み手にさまざまな体験を連想させる。その時代を生きていない人でも連想がふくらむ。文章の解像度がきわめて高い。具体的な手触り感にあふれている。

モノ音や人のざわめきが聞こえてきそう。五感が呼び覚まされ、あたまとからだの感覚が賦活《ふかつ》される。

そして、これらの条件は、回想法が豊かなものになるために必須である。

本書の元となったのは、著者が自費でつくった『昭和郷愁かるた』だ（「おわりに」参照）。

このかるたを使った回想法での会話を少し紹介しよう。

「田舎では配置薬が頼りだった」

「おまけの紙風船がうれしかった」

「実家は富山、クスリをつくってました」

「火吹き竹の火がうまくつかず涙をこぼした。兄と姉は進学で上京。父に『手伝いもりっぱな勉強だ』と、ほめられてとてもうれしかった」

「懐かしい絵に見惚《ほ》れてみんな真剣、2時間たってもまだまだ話していたいようで、次回を約束して解散した」と、主催された方は語る。

本書は「昭和郷愁かるた」同様、さまざまな想い出をよみがえらせてくれるだろう。多くの方に手に取っていただき、回想法を通じて貴重な記憶を未来に送っていただきたい。

黒川由紀子（くろかわ ゆきこ）
上智大学 総合人間科学部心理学科教授。慶成会老年学研究所研究員。臨床心理学者として、高齢者への回想法普及に努めている。

目次

ちゃぶ台

ちゃぶ台は〝丸い〟というイメージが強いけど、それは漫画『サザエさん』の影響で、実際には〝角形ちゃぶ台〟が多数だった。そのちゃぶ台を食事のたびに一家で囲んだわけだが、そうした光景は、大正デモクラシーを経て昭和期に入ってからのこと。それ以前の日本では、〝銘々膳《めいめいぜん》〟と呼ばれる個別のお膳で食事をしていた。

わが家は、ぼくが小学校に上がる昭和二十四年四月直前まで信州に疎開していたが、そこでの食事も銘々膳。六歳のぼくにも一人前に銘々膳があてがわれていた。

疎開先では、母の叔母夫婦との共同生活。その母の叔母の夫というのが口うるさいジイサマで、「食事中は口を利くな。黙って食べろ」と再三注意された。「いただきます」から「ごちそうさまでした」まで終始無言。食べるものも粗末だったから、とてもみじめに感じていたが、あとで聞いたら余所《よそ》もだいたい同じだった。

帰京後は銘々膳からちゃぶ台になり、食事中の会話も自由になった。変わらないのは食事の内容。来る日も来る日もピンクのデンブとアミの佃煮。ごはんは麦と外米の半々炊き。麦が抜けて外米オンリーとなったのは、中学二年になってから。国産米ではないにしろ、それは輝かしき一頁。欣喜雀躍《きんきじゃくやく》、涙が出るほど美味しかった。

蒸気機関車

明治五年に新橋で第一声を上げて以来、たゆまぬ努力で走り続けた蒸気機関車。昭和二十一年には五九五八両もの車両が日本中で活躍していた。

蒸気機関車に初めてぼくが乗ったのは信州に疎開した時だけど、二歳児にはその記憶がない。僅《わず》かに憶えているのは、疎開から戻る際の六歳児での乗車。その時は新年度に合わせた帰京者らで超満員。オシッコをしたいのに、トイレまで行き着けそうにない。困りはてた母に、どこかのオジサンが「窓からさせなよ」と言った。「そうだそうだ」と数人の受け渡しで窓まで運ばれたぼくは、その場の人たちに支えられてジョーッとやった。「わっ！」と叫んだ人がいる。窓際に座る後方の客だ。「毒にはならねえ」と誰かが言ったとかで周囲が笑った。すっきりしてからは、「チビは上の方がいい」と網棚に乗せられた。これらはぼくの記憶ではなく、後年母から聞いた話。

蒸気機関車は、大事に使うと他の鉄道車に比べ、恐ろしく長命なのだとか。JR九州の「8620形」は、大正十一年製造のものが今も運行を続けている。あの人間臭い頑張り屋が愛おしい。「リニアモーターカーなら東京―大阪間が一時間になる」と聞いて、ロマンが砕けて散った。

ねんねこ半纏

「綿入れ」で想い出すのは、どてら、ちゃんちゃんこ、半纏《はんてん》…。大方の人が何より懐かしく思うのは、ねんねこ半纏ではないだろうか。

先日、『おぶわれ体験談』という記事を読んだ。「お母さんの声が耳からではなく、おぶってもらっている背中から響き、何とも心地よかった感覚を今でも覚えている」と綴《つづ》られていた。「成程《なるほど》」と合点がいった。ねんねこ半纏に包まれた赤ちゃんの押しなべて安心しきった寝顔。それは、お母さんの心音を背からおなかへと、肌で聴いていたからなのだ。多分その心音は、児に安心感を与えただけでなく、児の将来の基礎（土台）といったものを、コツコツ築いてもいたことだろう。

ねんねこ半纏は、児が歩きだすことで一応の役目は終わるが、「はしか（麻疹）にかかるまでは置いておくもの」だったとか。風に当てずに医者まで連れて行くためだ。

人間は便利なものを好む。それは当然のことだけど、「便利」という名の下で、大切なものを削ぎ落としてはいないだろうか。「便利さ」は、物質的な満足度を高めてはくれるけど、心の満足度を、逆に薄めてしまってはいないだろうか。

気がつけば、あんなに巷にあふれていた子守唄を、最近殆《ほとん》ご耳にしない。

火吹き竹

疎開先の家には、土間に大きなカマドがあった。炊飯・煮物の一切がカマド。燃料は山から切り出した薪《たきぎ》。火つけにはスギの枯れた葉や木の皮を利用した。

その火熾《おこ》しで欠かせないのが火吹き竹。竹筒の一端から息を吹き込むと、先端の節穴から息が風となって送り込まれて火が熾る。疎開から戻った東京のあばら家もカマドだったから、ここでも火吹き竹にはお世話になった。

ある大雪の深夜、玄関のボロ戸を叩く者がいた。父が出ると、ゾロリ外人男女の五人連れ。目の前の京浜第二国道は、雪に覆われ通行不能。車が一台停まっていた。

事情が読めた父は、外人らをボロ家に入れた。しかし余分な布団はない。ぼくや兄も起こされて、一家の布団すべてが彼らに提供された。布団三枚に男女五人の抱き寝である。父は部屋を暖めようと、七輪に炭をくべて火吹き竹でフーフーやった。湿った炭が煙を吐く。外人さんらは咳とくしゃみで、朝までヒーヒー泣いていた。

一週間後、見たこともないハム、コンビーフ、チョコレート、チューインガム…とかが山ほど届いた。わが家が貧しかったことはたしかだが、火吹き竹から出された煙が、殊更《ことさら》貧乏を強調したのかも知れない。〝火吹き竹効果〟と言うべきか。

そば屋の出前

疎開先から東京に戻った時、まず驚いたのは第二京浜国道の幅の広さだ。（当たり前だけど）「うわーっ、車がいっぱい通ってる！」と驚嘆し、「これじゃ渡れない！」とオロオロした。

初めて見た東京には、他にも驚くことが山ほどで、そば屋の出前もその一つ。高々積み上げたせいろや丼を、片手で支えて自転車スイスイ。あんな技があるのなら何もそば屋をやらなくても…と、本末転倒の感想を持ったりもした。出前はバイクに替わったが、間もなくドローンに替わるかも…。発展が伝統の技を一つ一つ消してゆく。

ところで、当てにならない喩《たと》えに「そば屋の出前」というのがある。あの喩えは正しい。ぼくは長いものが大好きで、そば、うどん、スパゲティー、ラーメン、きしめん、ひやむぎ…みんな好き。だから現役時代の昼食に、そば屋からの出前をよく取った。ところが、なかなか来ない。電話を入れると「今出るとこです」と言う。もう来てもいいのにと、また電話をする。「もう着く頃です」と言う。その「もう着く頃です」と言った本人が、「お待ちどうさま〜あ！」と明るい声でやって来た。怯《ひる》まず断じて行う信念は尊敬に値するから、笑うしかなかった。

蚊帳

蚊《か》帳《や》の多くは萌黄色に染めた麻で、茜色の縁取りがされていた。高価で無くてはならないものだったから、嫁入り道具の一つにもされた。

蚊帳に入る時は、裾をパタパタ払ってから素早く入る。蚊を中に入れないためだが、どんなに注意しても、蚊をシーズン中ブロックし続けるのは至難のわざだ。何しろ当時のドブ川ときたら、数千数万とも見えるボーフラどもがブロック肉の塊のようになって、泥水飲み飲み出陣の機会を窺《うかが》っていたのだから。

消灯後の蚊帳の中、これ見よがしに耳元を襲う金属音の腹立たしさ。蚊取り線香を蚊帳の中で燻《くゆ》らす家庭もあったと聞くが、当家にはそんなスペースさえなかった。

時々、赤黒いものが畳の隅に転がっていたりする。摘《つ》まんでみると血を吸い過ぎて飛べなくなっている蚊。蚊の中にも〝吸い意地〟の張った奴がいたということ。

蚊帳は四隅を吊って使うわけだが、朝、四隅の吊り手を外すと、大方の子どもは布団の上に広がり落ちた蚊帳を見て、波打つ海を連想する。そして、そこに飛び込み泳ぎだす。結果、親に叱られるのは真っ当な子。ぼくも叱られた。子どもたるもの、あれが海に見えないようでは将来が危うい…と、ぼくは今でもそう思っている。

割烹着

炊事、洗濯、掃除、針仕事…。わが家の頼もしい守護神は、何をやるにもその身を割烹着に包んでいた。

割烹着は「郷愁の手繰り綱」とも言える。手繰ると萬《よろず》の郷愁が続々連なって浮かび出る。イラストレーターの柴慶忠さんに『割烹着』というテーマの絵をお願いしたら、主婦の洗濯風景の絵が上がって来た。その絵がまた懐かしい。割烹着は当然として、他に、手拭い、姉さんかぶり、着物、足袋、下駄、たらい、洗濯板、洗濯石鹸、目には見えないが、アカギレやシモヤケまでがその一枚でよみがえった。

母の割烹着のポケットには、揉《も》んだ新聞紙が何枚も入っていた。鼻垂れ息子の鼻をかむためだ。当時の子どもは、誰に限らずズルズルと鼻をよく垂らした。それを袖口で拭くものだから、袖口は乾いた鼻水でゴリゴリテカテカ。そうはさせたくないものだから、母はぼくの鼻が出たと見るや頭を抱え込み、ポケットから例の手製チリ紙を取り出して「はい、チ～ンして」とやった。手製の新聞チリ紙は、よく揉んであっても痛くて嫌だった。やがて自分で鼻をかむようになった頃、世に復興の槌音《つちおと》が響き始め、その恩恵を少しは受けたのか、当家の鼻紙も灰色っぽい低級のチリ紙に変わった。

配置薬

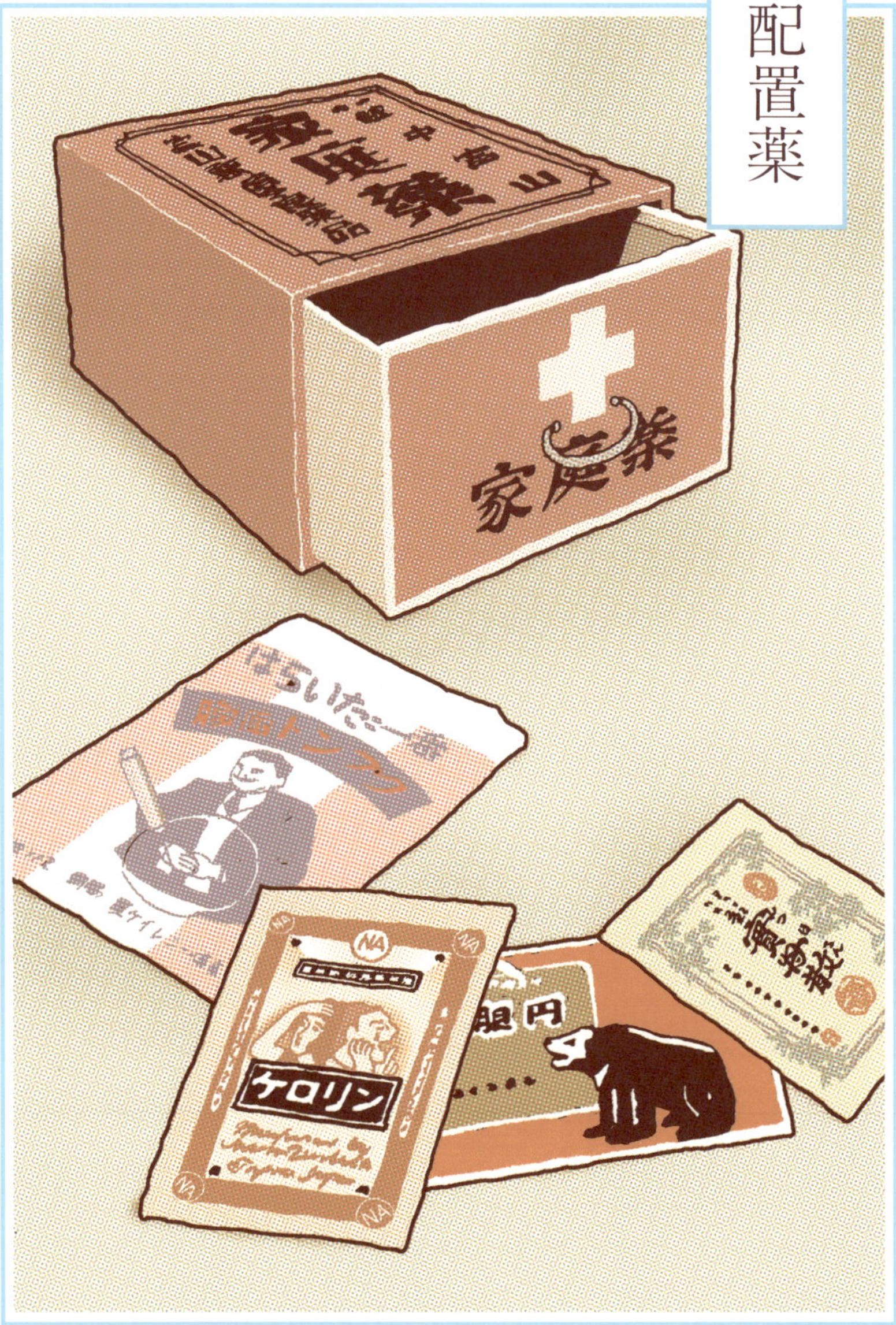

年に一度、越中富山の薬売りが、大きな風呂敷に包んだ柳行李《やなぎごうり》を担いでやって来た。「ドッコイショ」と降ろした柳行李を開けると、薬が何段にもギッシリと詰まっている。風邪薬のトンプク、六神丸。頭痛薬のケロリン。腹痛には熊の胆、赤玉。小児薬の救命丸。婦人薬の実母散…。

薬売りが来たと知ると子どもたちは走り寄る。薬売りはそんな子どもたちを笑って迎え、「そら、おみやげだよ」と紙風船を取り出して渡す。「ありがとう！」と叫んで表に飛び出して行く子どもたち。毎年繰り返される光景だった。

このあと、薬売りは各家庭に預けてあった薬袋の中味を点検し、欠品があれば補充する。使用分の清算が済むと、茶をすすりながらひとしきり世間話に花を咲かせてから、つぎの宅へと去ってゆく。

わが家は何事につけ富山の薬。町の薬局は殆ご利用していなかった。

今ぼくが夏場を過ごす栃木では、現在でも庭先の薬草が使われている。オトギリソウやゲンノショウコなどだ。先日「これから飲み会に出かける」と言ったら、散歩仲間が足元のセンブリを指して、「だったら、そいつをかじって行きなよ」と言った。

蚊遣り

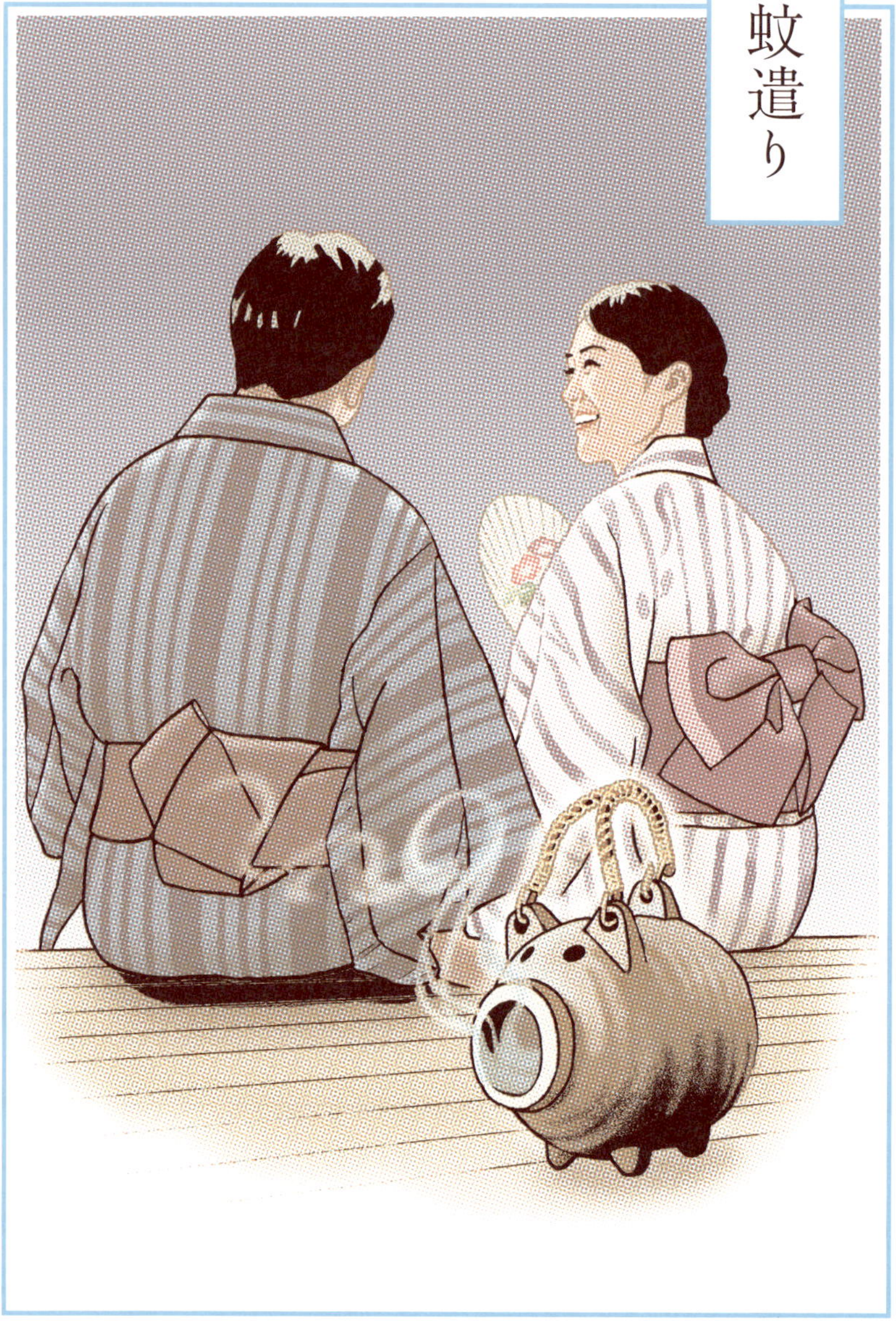

夏の夜の短い逢瀬に無粋な蚊。しっぽりとした風情を求めているのに蚊は執拗に迫り来る。蚊遣《かや》りを焚《た》いて追うしかない。

その蚊遣り、なぜか多くがブタ型だ。線香を入れるのだから、ぽっこりしたものがよいことまでは理解出来るが、「何もブタでなくても…」と当時は思った。そこで代替案を考えてみたが、タヌキでは口がおちょぼで具合よくない。カバでは暑苦しくて夕涼みに向かない。陸にフグというのも変だし…と、名案には至らなかった。

ところが、柴慶忠さんの絵を見てブタであることに納得した。夕涼みは円満がいい。空には丸い月がいい。手には丸いうちわがいい。蚊遣りは丸いブタがいい。

夏の夜は、昼間と世界を異にしている。演出物にも事欠かない。七夕、花火、送り火、蛍…。そっと肩を寄せあえば、見て見ぬふりのブタくんが、「ここは静かにしておきなよ」と、やんわり蚊群れを追い遣ってくれる。

夢よりもはかなきものは夏の夜のあかつきがたの別れなりけり（壬生忠岑）

どんな時にもブタの蚊遣りは何食わぬ顔。電気香取りの普及に追われている最近の蚊遣りだが、ブタ型は形状のユニークさを武器に、工芸品へと転じつつある。

徳用マッチ

販売マッチには「徳用」と「並用」の二種類があって、徳用一つと並用十二個の価格が同じだった。徳用に入っているのは約八〇〇本、並用は十二個分を合わせても五〇〇本ほど。徳用の方が断然お得だったことになる。

欧州生まれのマッチが日本に伝わったのは明治初期。火打石では手間がかかり過ぎていたから、〝一発着火〟のマッチは、瞬く間に全家庭へと普及した。

わが家の徳用マッチは二か所に置かれていた。一つはカマドの脇。母がこのマッチを擦《す》るところから一日が始まった。

もう一つは居間。同居のジイサマと父が二人で煙草用に使っていた。煙草は、父が『ひかり』でジイサマは『しんせい』。父は普通の吸い方だったが、ジイサマは一本を三つに切り、それを煙管《きせる》で吸っていた。これなら吸い口部分も残さず吸い尽せる。ケチ臭いようだが、無駄を出さないという点で時代に合った賢いやり方だったと思う。

一時は配給制ともなった貴重なマッチだが、今では電化・ガス化が進み、殆どが自動着火。押すだけ、引くだけ、回すだけ。花火をやろうとマッチを擦ったら、パッと出た火に孫が驚き、ぼくの方は、孫がマッチを知らなかったことに驚いた。

かねこたかしの郷愁譚❶

三本立て映画

三本立てを楽しく見るには、それなりの努力が必要だった。観賞出来るのは学校が休みの日曜日しかない。その日はたいがいの大人社会も休みだから、いつ行っても超満員。座席指定も入れ替え制もない。来た順にゴンゴン詰めるだけだから、坐《すわ》って鑑賞するためには、一本目を捨てて掛からなくてはいけない。

まずはグリグリ、グリグリ、大人の間に押し入ってゆく。それが出来るのは子どもだけ。大人がやったら喧嘩《けんか》になる。二十分ほどかけて座席前に辿《たど》り着いたら、そこで二人ほどに目星をつける。目星の対象は、上映中の作品が終わると同時に立つと見込める人。この目星というのが案外難しい。

目星をつけたらそこに集中。勝負は上映中の作品が終わる瞬間だ。目星のうちの一人でも尻を浮かせたら、透《す》かさず尻の下に帽子を突っ込む。周囲のおばさんたちが優しいとか、鈍感だとかと、侮ってはいけない。とんでもないところから手提げ袋、帽子、襟巻、ハンカチ…身にあるものなら何でも投げつけて、「そこあたしー！」と叫ぶのがおばさんたちなのだから。

こけざるの壺を抱えてぐじゅぐじゅ言うのは大河内伝次郎。何と言っているかわからない。片岡千恵蔵も似たり寄ったり。例えば『遠山の金さん』。奉行所のお白洲の高い処からもろ肌脱いで、「この桜吹雪が目に入らねえか！」と啖呵《たんか》を切ったあたりになると、声がひっくり返って理解が追いつかなくなる。しかし観客は、大旦那の義太夫みたいに判別怪しくなっても、細かいことは言わない。気持ちが燃えればそれでいいのである。

館内を揺るがすほど盛り上げるのは、嵐寛寿郎の『鞍馬天狗』。美空ひばり扮する角兵衛獅子の杉作が「あわや！」の場面を迎えても、なかなか登場しない。（何やってんだよアラカンは！）と、ハラハラ、ドキドキ、イライラさせておいてから、画面のずっと奥の方、カッカッカッと馬を駆って現れるのは宗十老頭巾《そうじゅうろうずきん》の男。おお！　ついに来たぞ鞍馬天狗！　子どもばかりか、大人まで立ち上がらんばかりの大拍手だ。

サンフランシスコ講和条約の締結で、それまで禁止されていたチャンバラ劇が復活したという事情も手伝ったと思うけど、あの老若一体の興奮を、ぼくはその後の映画館で見ることがない。

『チャンバラ禁止令』は、昭和二十一年にGHQの指令を受けて出された。切腹や仇討ちばかりかチャンチャンバラバラの殺陣シーンまで、「軍国主義を鼓舞する」という理由で禁止された。これによりチャンバラ映画が撮れなくなった。結果、スター七剣聖（嵐寛寿郎、市川右太衛門、大河内伝次郎、片岡千恵蔵、月形龍之介、坂東妻三郎、林長二郎）の出番が断たれた。艶物《つやもの》もこなせる林長二郎（長谷川一夫）はよかったが、剣戟《けんげき》一方だった他の六剣聖は弱った。

映画会社も弱った。大スターを遊ばせておく余裕はない。そこで繰り出した手が現代劇への起用だった。嵐寛も右太衛門も、ちょんまげを脱ぎ、刀を置き、シャツや背広に腕を通した。

慣れない芝居に悪戦苦闘を続ける中、個性を発揮したのは、『破れ太鼓』や『王将』

の坂妻と、『多羅尾伴内シリーズ』の千恵蔵だった。特に千恵蔵の多羅尾伴内シリーズは大当たりで、昭和三十五年まで延べ十一本を制作した。

「ある時は多羅尾伴内、ある時は片目の運転手、ある時は香港丸のマドロス、またある時は東洋の大富豪、ある時は手品好きのキザな紳士、またある時はせむし男。しかしてその実体は、正義と真実の使徒、藤村大造だ！」（〝使徒〟を〝人〟と誤記した記述が散見される）

藤村大造と多羅尾伴内は不動だが、他の五人はその時々で変わる。中国人だかインド人だかに変装することもある。ところが、この変装が可笑《おか》しい。誰に変装しても千恵蔵そのものなのだ。片目の運転手は千恵蔵が眼帯しただけ。せむし男は千恵蔵が背を丸めただけ。それなのに、悪漢の誰もが気づくことなく騙され続ける。観客も、そのことに何らの違和感を持つことがない。もう一つ可笑しいのは、藤村大造が、こんな長ったらしい台詞で七つの顔の秘密をばらしている間、悪漢どもが黙って聴いていること。

それでもシリーズは人気を維持した。理屈はいらない。みんな幸せだったと思う。

アイスキャンディー

夏になると、自転車の荷台に水色の箱を乗せ、「アイスキャンディー」と染め抜かれた幟をヒラつかせて、麦わら帽子のおじさんがやって来る。チリンチリンと鳴らすのは、学校の小使いさんから借りて来たような鐘。いつも、茹《う》だるような暑さの昼下がりに登場する。貧乏な親泣かせの時間帯だ。

極めて時々、母は「買っていらっしゃい」と五円玉をくれた。小学二年の頃は一本二円五十銭。兄の分と合わせて二本買えたが、母の分は買えない。アイスキャンディーに限らず、母はいつでも「わたしの分はいいからね」と言った。アンパンもおまんじゅうも「いい」と言う。個々に分けられたおかずに対しても、「わたしは、もういっぱいだから…」とよく分けてくれた。「大人って、あんまり食べないんだなあ」と、ぼくはいつでもそう思っていた。〝銭（せん）〟という単位の小銭が、昭和二十九年一月から使用禁止されることが事前告知されると、多分それが引き金となって、アイスキャンディーは一本五円に値上げされた。そして、ぼくたち兄弟の口からアイスキャンディーはいよいよ遠ざかったが、母の口からは、ずっと以前からいろいろな物が遠ざかっていたことを、ぼくは悟るに疎かった。

経木

経《きょう》木《ぎ》とはスギやヒノキの板を薄く削ったもので、古くは経文を書き込むなど、仏教儀式に使われていた。包装材としての利用も古く、昭和四十年頃までは庶民生活に欠かせない重要な役割を担っていた。

経木と聞いて想い出すのは、三角に包まれた納豆。遠足で紐《ひも》解いたおにぎり。買い物としては肉屋のコロッケやメンチカツ。豆腐屋の油揚げや卯の花（おから）。和菓子屋の大福やみたらし団子。経木についた団子のタレを舐《な》めて叱られたことも…。

厚めの板を素材にした折詰の箱も経木の仲間だ。こちらは高級感にあふれ、子ども心にちらし寿司や赤飯を連想してワクワクした。

かつて駅弁の多くは経木で出来ていた。今はその殆ごがカタカナ素材。食べ終わった容器を見ると、美味しかったものでも余韻が褪《さ》める。このところ『和食』の評価が世界中で高まっている。『器』は、和食にとって命の一つ。観光誘致を目指す国なら尚のこと、駅弁だろうと、うなぎ、天ぷら、松花堂《しょうかどう》をポリの容器にして欲しくない。

通気性や殺菌性に優れ、使用後は焼却しても有害物質を発生させない経木。かくも優れたものが葬られる。「繁栄」と思っていたものが「虚飾」だったら悲しい。

張り板

貸衣装もドライクリーニングも無い時代、晴れ着のまま羽目を外す今のような成人式が行われたら、母たるものは途方に暮れたと思う。汚れたもの、傷んだものは、解いて洗い、縫い直すしかなかったのだから。

昭和二十年代の生活には、和服、どてら、半纏、ちゃんちゃんこ、布団など、諸々の縫い直し作業が、毎年ついて回っていた。

春になると縫い目の解きが始まり、洗濯するのは夏。その洗濯物を乾かすのに使うのが張り板だ。木綿類は、ふのりを煮て糊をつくり、それを使って張り板に張る（絹物類は、〝伸子《しんし》針〟という竹ひごに針のついたものを使って干した）。

『張り板二枚か四枚、伸子はひと組』――というのが嫁入り道具の標準だったと聞けば、当時の主婦に科せられた苦労が知れる。

よく晴れた夏の日の庭や路地塀には、張り板が立ち並んだ。量が半端ではないから、この風景は数日続く。あとがまた大変。縫い戻すという大作業が待っているのだ。それなのに、どこのお母さんも大らかだった気がする。今、振り返るに「ああいう時代だったから」――では片づかない何かが、町を、ふんわり明るく包んでいた。

行水

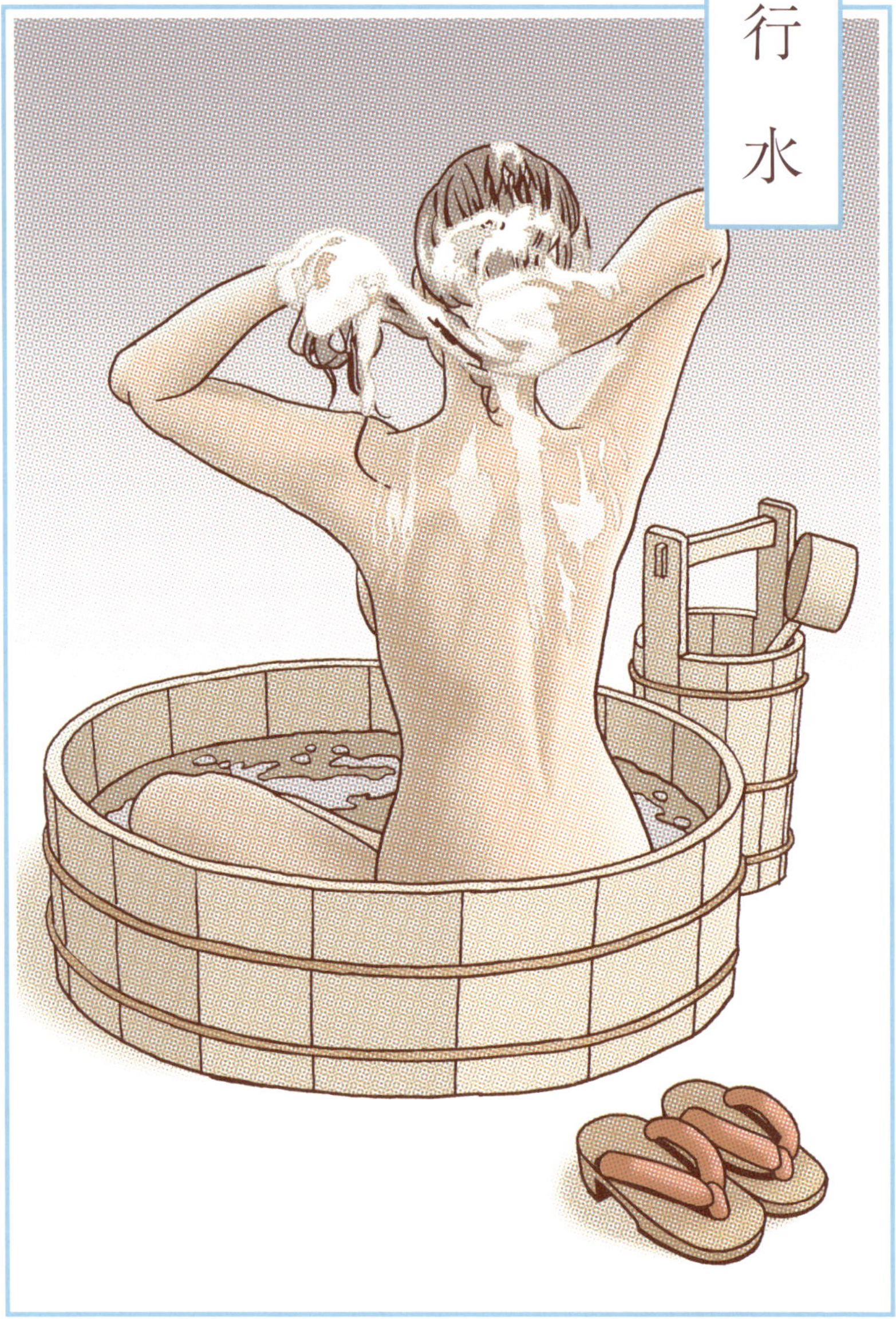

行水の捨てどころなき虫の声

江戸の俳諧師・上島鬼貫の句。草むらの楽隊を思いやる優雅な情景が目に浮かぶが、実際は「優雅」とばかりは言えなかったのでは？　風呂というものが一般的ではなかった時代のこと。秋深まっての行水を酷に思う日もあったと思う。

わが尻を言わずたらいを小さがり

こちらは川柳で、やはり江戸時代の作。この絵のようなら美しいが、小さなたらいに無理やり大きなやつを押し込むようだと、情緒も風情もありはしない。たらいもお尻も悲鳴を上げたことだろう。

わが家には庭というほどのものが無く、土間にも、たらいを置けるほどのスペースが無かったので、行水の経験はない。だけど、たらいには並々ならぬお世話になった。洗濯は毎日のことだったし、泥のついた大根やゴボウもたらいで洗った。遊んだあとの泥足も洗った。夏には水遊び。井戸水を張ってキュウリやトマトも冷やした。

雨の日には部屋の中で、バケツや洗面器と共に雨だれ曲を合奏した。お産は自宅分娩だったので、産湯においても、ぼくはたらいのお世話になった。

御用聞き

御

用聞きと聞けば、漫画『サザエさん』に登場する三河屋の三平さんと、その後任のサブちゃんが浮かぶ。ごちらも好青年で、三平さんはカツオたちを実家に近い蔵王のスキー場に連れて行ったりもしている。時代背景を大切にした漫画だったから、こうした顧客との深い関係も、程度の差はあれ、実在していたのだろう。

わが家にも、酒屋と米屋の小僧さんが御用聞きに来ていた。質素で大した注文を出せる家ではなかったが、それでも定期的に回って来た。当時の醤油は一升瓶だし、米や麦にしても、一度に買うのは米櫃《こめびつ》を満たす量。主婦では持ち運びが儘《まま》ならない。そう考えれば、御用聞きは無くてはならない存在だったと言える。

それにしても、あの商いを超えた温もりはもう得られない。母の背丈では届かない切れた電球を取り換えてくれたり、落ちそうな棚の釘打ち修理も「あっ、それやりますよ」と買って出てくれたり、「ついでだから」と郵便物の投函までしてくれた。

今や酒屋も米屋も総合スーパー、コンビニ、インターネットなどに取って代わられた。買うだけなら不便は無いから、大切なものを失ったとは誰も気づかない。人と人との関係が、空疎になったと嘆くこともないのだろう。

足踏みミシン

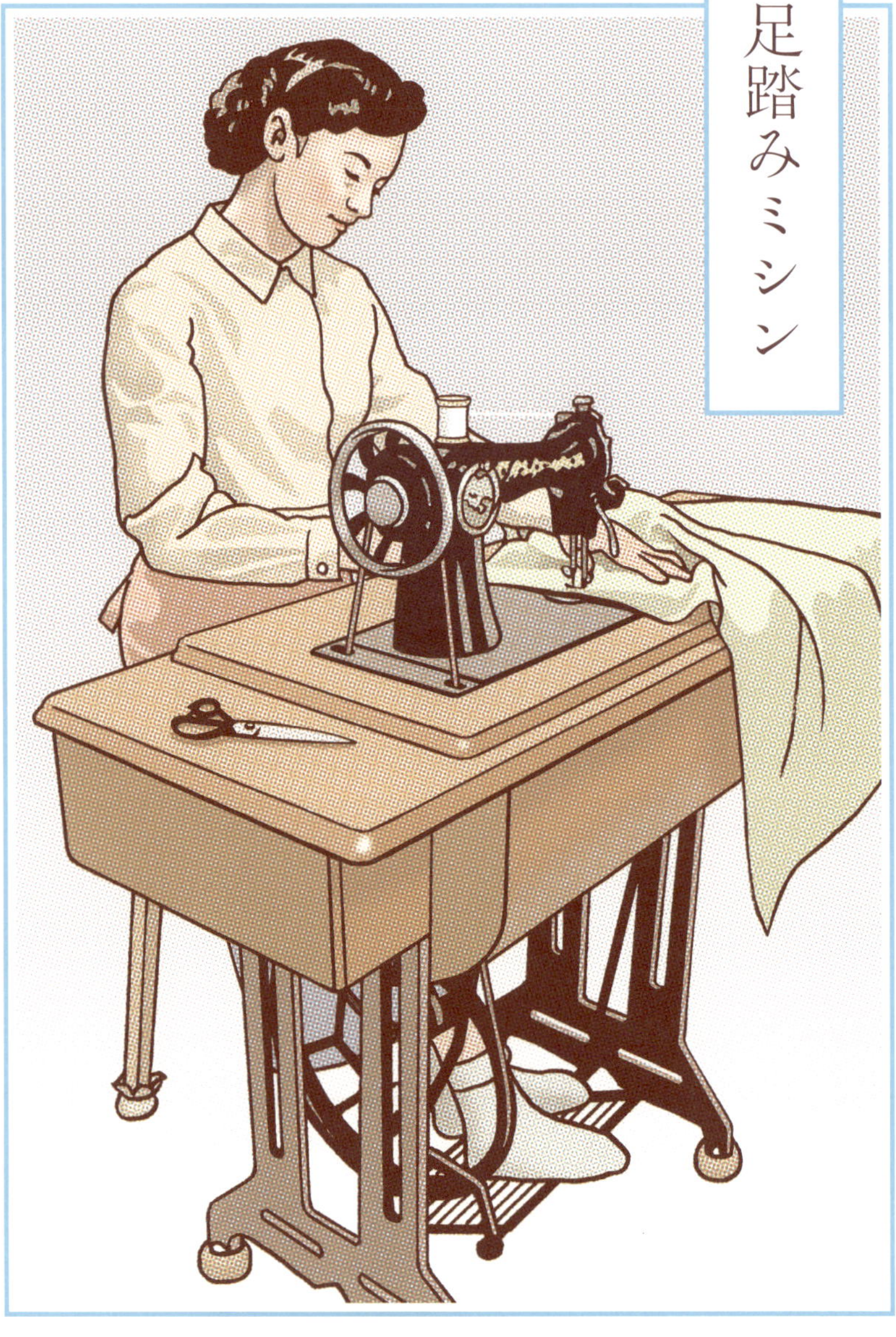

日本の地を最初に踏んだミシンは、アメリカ総領事ハリスが徳川将軍家定の奥方に献上したものだと言われている。国産品の第一号は、大正十四年上野松坂屋で市販されたパインミシン（のちの蛇の目ミシン）。しかし戦前の日本市場の九割までを占めていたのは舶来のシンガーで、その名がミシンの代名詞ともなっていた。

そのシンガーも、和服時代の日本での普及には相当の苦労があった。何とか光が見えだしたのは、動きやすさ重視の〝あっぱっぱ〟が大流行しだした大正末期。女学校の制服が洋装となり、モガ・モボたちが銀座をかっ歩するようになった頃だ。

とは言っても庶民の中にまでミシンが行き届くには、その後も相当の時間を要した。昭和二十年代に入っても、わが家の周辺でミシンを持つ家庭は限られていた。洋裁を志す人たちは、その限られたミシンを借り歩いていた。毎度毎度では気が引けるからと、保有者の何軒かを順繰りに借りる人も稀ではなかった。

当時のモノの貸し借りは、今より頻繁だった気がする。電話を先方の隣家に掛けて呼び出してもらうことはしばしばだったし、「ごめん。お味噌切らしちゃって…」とか「ふくらし粉、少し借りられる？」みたいな言葉も、夕方の路地裏からよく聞こえた。

赤チン

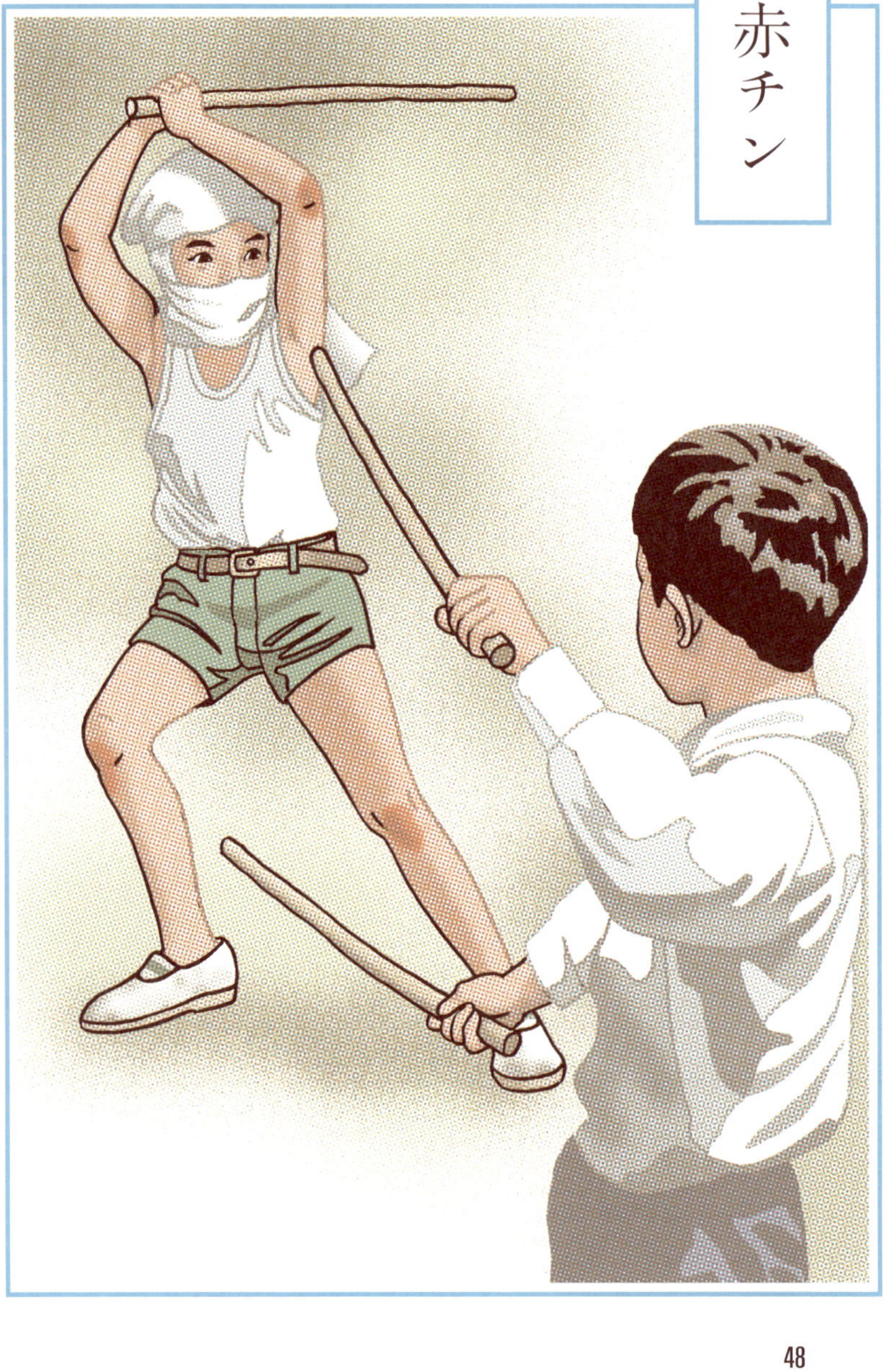

赤チンとはマーキュロクロム液のことで、ヨードチンキではない。ヨードチンキが傷薬だった時代の名残りで、色が赤かったことから「赤いヨードチンキ」と言われ、略して「赤チン」との俗称になった。

昭和二十年代の児童は、おてんとうさまがある限り、屋外を駆け回る〝良い子〟ばかりだった。男子はチャンバラ、木登り、Sケン、相撲…。女子もゴム飛び、まりつき、石蹴りと、体をフルに使っていた。

屋内にあっても、鉛筆は小刀で削ったし、台所に立って包丁や火を扱う健気な女の子もいた。みんな行動的だったから、手足の傷は絶えない。その都度塗るのが赤チンだった。ぼくの五～六年生時は一クラスが六十四名という大所帯だったせいか、膝や肘に塗られた赤い薬がやたらと目についた。

赤チンは昭和五十年頃を境に殆ど姿を消した。「成分中に水銀が含まれていて製造中止に追い込まれた」との噂もあったが、それは誤り。現在も僅かながらつくられている。「傷にはあれが一番」と信じ込んでいるお年寄りが多いからだとか。赤チンが「ガキ大将の勲章」だった時代への郷愁に応えた製造と言えよう。

金魚売り

「きんぎょ〜ぇ　きんぎょ〜っ」と、細く涼しげな声でやって来る金魚売り。風鈴のチリンチリンも清涼感を呼び、暑さが一瞬なりとも和らいだ。

金魚は、千年以上も前に中国でつくりだされた魚である。元祖を辿れば鮒で、これが緋鮒となり、さらに改良が繰り返されて現在に至っている。江戸中期には新しい金魚もやって来て、区別の意味で、従来からの金魚を「和金」と呼ぶようになった。

金魚と聞くと縁日の「金魚掬《すく》い」も懐かしい。和紙を張った針金の輪を「ポイ」と言う。ポイはすぐに破れるので、ぼくは金魚にバカにされっ放しだった。「コツがあるんだよ」と、友人の〝金魚掬い名人〟に笑われた。

名人曰く。「和紙を貼った側を上にして使うこと。金魚の頭から掬うこと。尾をポイに乗せないこと。最も重要なのは、金魚屋のおやじの前で名人ぶらないこと。うまそうな客には、密かに用意している薄い和紙のポイを出すから」…だって。

金魚美しければドジョウ悲し。ある水族館で、費用を抑えるために金魚を餌として使ったら、途端《とたん》に「残酷だ！」の抗議が殺到した。仕方なく割高のドジョウに切り替えたら、抗議はピタリ止んだと言う。笑える話ではない。人はそういう見方をする。

銭湯

三年生の末に引っ越した家には、徒歩七～八分内に三軒の銭湯があった。その頃まで、ぼくは母に連れられ女湯を利用していた。当時の子どもの体格が、それで済む程度だったということか？　あるいは、わが家が世間の常識に疎かったのか？

当時の入浴料は、大人（中学生以上）十六円、中人（小学生）十二円、小人（未就学乳幼児）六円。女性が髪を洗う場合は十円増し。

銭湯と聞くと、東京育ちの人なら、入口の構えが唐破風の宮型造りをイメージするだろうが、あれは東京近郊だけのもの。余所では殆ご見られない。壁絵にしても、映画や漫画に出て来る絵は富士山ばかりだが、あれも関東中心の絵柄。

最初に壁絵を掲げたのは、東京・千代田区にあった『キカイ湯』。大正元年、静岡の絵師に依頼して描いてもらった絵が評判となり、銭湯に壁絵を掲げることが全国に広まった。『キカイ湯』の跡地には、それを記すプレートが現在もある。

銭湯のピークは昭和三十年代。東京都の調査資料によると、昭和三十九年の銭湯利用世帯は三十九・六パーセントだったが、三年後には三十・三パーセントへと激減している。人々がモーレツに働き、マイホーム時代へと走りだした頃である。

ままごと

ままごととは、いわゆる「飯（まま）事」だから、台所を預かるお母さんを中心に置いた遊び。陽だまりの庭にゴザを敷き、たいていはお母さん役の子があれこれと仕切っていた。今なら、イクメン役の男の子が仕切ってもよいかも…。

過日、郷愁譚を書くにあたり古い日記をめくっていたら、ギョッとする記述に出会った。昭和三十五年、高校三年時の日記である。

『道でAさんに会った。会ったと言うのは、すれ違っただけ。彼女は小学校の同級生で、中学は彼女が私立に進んだため会う機会を無くしていた。そうなると小学校四年の時、彼女の家の庭先で、無理やりままごと遊びを付きあわされたことが懐かしく…（以下略・原文のまま）』とあった。二人きりのままごと遊びに付きあわされた覚えはあったが、年少期と思っていた。まさか四年とは…。少々恥ずかしながら、〝ままごと遊び〟がいかにポピュラーだったかを言いたくて書いた。

ままごとで面白いのは、母親役が自分の母親の口調を真似ること。その子の家庭が丸見えになる。「あなた、いつになったら課長さんになれるの?」なんて、親が赤面するようなことをポンポン言うから可笑しい。

かねこたかしの郷愁譚❷ ラジオ歌謡

昔の歌は、多くが明るく朗らかだった。少々重い気持ちの日でも、歌を聴くと雲が千切れて薄日が差した。

昭和二十六年四月、民放ラジオ局に日本初の予備免許が下りた。NHKの独占時代が終わったのだ。民放局が次々誕生。歌番組がズラリ並んだ。当時の世相が求めていたのは一にも二にも明るさで、「それに応えるなら歌番組」と考えた結果だろう。歌番組のオープニング・ナレーションが、そんな想いを伝えている。

「流れるメロディーがリズムが、あなたを誘う風車。明るい歌、楽しい歌、今宵ご家庭の皆様に憧れのスターが繰り広げるダイヤモンド・ショー、歌の風車」（ラジオ東京『歌う風車』）

「色とりどりの夢を飾る華やかなステージ。それは万人の恋人、憧れのシンボルです。

きょうここに華やかな装いを凝らして迎える新人登竜門、花のステージ」（ニッポン放送『花のステージ』）

「流れゆく若き日の思い出、輝く青春の憧れを、あの歌この歌に寄せて、皆さんが選んだ美しいメロディーの数々」（文化放送『今週の歌謡ベストテン』）

一局体制を破られたNHKも負けてはいない。

「流れ来る歌の調べは、思い出の歌、新しい歌、皆様の希望を乗せて、輝く今週の明星、第○○夜であります」（NHK『今週の明星』）

『紅白歌合戦』も、最初は正月のラジオ番組だった。第一回放送は、ぼくが二年生の時（昭和二十六年）で、近江俊郎の『湯の町エレジー』や渡辺はま子の『桑港《サンフランシスコ》のチャイナタウン』などが耳に残っている。

後々「ああ、そうだったのか」と心に迫ったのは藤山一郎の『長崎の鐘』（サトウハチロー作詞、古関祐而作曲）。長年に亘《わた》る放射線の研究で白血病となり、余命三カ月の診断を受けた長崎医大の永井隆博士は、米軍の原爆投下でさらに被爆。妻まで奪われた。

しかし、世には至情厚き人はいるものだ。博士は、その身で被爆者救護班を組織したのである。病床についてからは『長崎の鐘』と『この子を残して』の著書を執筆。いずれも生前にベストセラーとなった。第一回紅白で藤山一郎が歌った『長崎の鐘』は、この永井博士への想いが込められた歌である。天皇陛下やヘレン・ケラーも見舞うなど、多くの人々が博士の快復を願ったが、博士は第一回紅白の放送があったその年の五月に、天に召された。

どの番組にも想いはあるが、ぼくの心に長くとどまったのは、NHKの『ラジオ歌謡』。「健全な歌で、国民の音楽文化の啓発を」――の主旨から生み出された番組だったから、子どもの耳にも優しい余情歌が多かった。

健全な歌で――の発想を生んだのは、映画『そよかぜ』の主題歌『りんごの唄』(並木路子)の大ヒットだった。

映画そのものは上原謙、佐野周二主演にしては安易な恋物語に過ぎなかったが、サトウハチローのロマンティックな詞と万城目正の明るいメロディーが、人々の心を強く揺すった。歌が「ようやく訪れた平和への歓びと希望」にあふれていたからだろう。

並木路子はたびたび歌いながら高価なりんごを観客にまいて話題を呼んだが、それは毎年匿名で送り続けてくれたファンからのものだったと、のちに彼女は明かしている。りんごには、「歓びと希望」への感謝の気持ちが込められていたのだろう。

『白い花の咲く頃』（岡本敦郎）、『森の水車』（並木路子）、『雪の降る街を』（高英男）、『お使いは自転車に乗って』（轟夕起子）、『山のけむり』（伊藤久男）……。番組が扱ったのは全八四六曲。高木東六、團伊玖磨、古関裕而、服部良一、芥川也寸志…錚々《そうそう》たるメンバーが楽曲制作にあたっていたと聞けば、番組への力の入りようがわかる。

♬デコボコ道を歩いたら、蟻が三匹また五匹〜♬

今でも時々、無意識のうちにぼくが口ずさむ歌である。『ラジオ歌謡』の中の一曲と心得るが、誰が歌ったかなど覚えていない。毎日聴くとはなく聴いていた番組だったから、そんな中途半端な覚え方をした曲が、他にも何曲となくある。

火の用心

「戸締り用心！　火の用心！　マッチ一本火事のもと！」カッチ！　カッチ！

午後七時には商店の明かりも消え、闇に響く子どもたちの声。正月を前にした冬休み、ぼくたち子ども会も火の用心の夜回りをした。徒党を組むと気分が膨《ふく》らむ。カッチカッチの拍子木が、気分を更《さら》に後押しする。恥ずかしげだった発声は、数分のうちに勢いづく。

この「火の用心」という言葉、いつから使われだしたのかと調べたら、あの有名な手紙からだとモノの本に書いてあった。徳川家康の重臣、本多作佐衛門が陣中から妻に宛てた手紙、『一筆啓上　火の用心　おせん泣かすな　馬肥《こ》やせ』である。現在、それをそのまま火の用心の夜回り言葉にしている地方もあると聞く。

戦時中は、トンデモナイ夜回り言葉を子どもたちに押しつけたりしている。「米英撃滅火の用心　撃ちてし止まん火の用心」

ぼくたちの頃には「猫は蹴っても炬燵《こたつ》は蹴るな」「秋刀魚焼いても家焼くな」「カマドの不始末火事のもと」などがあった。

ひと回りして詰所に戻ると、温かいお汁粉が待っていたりした。

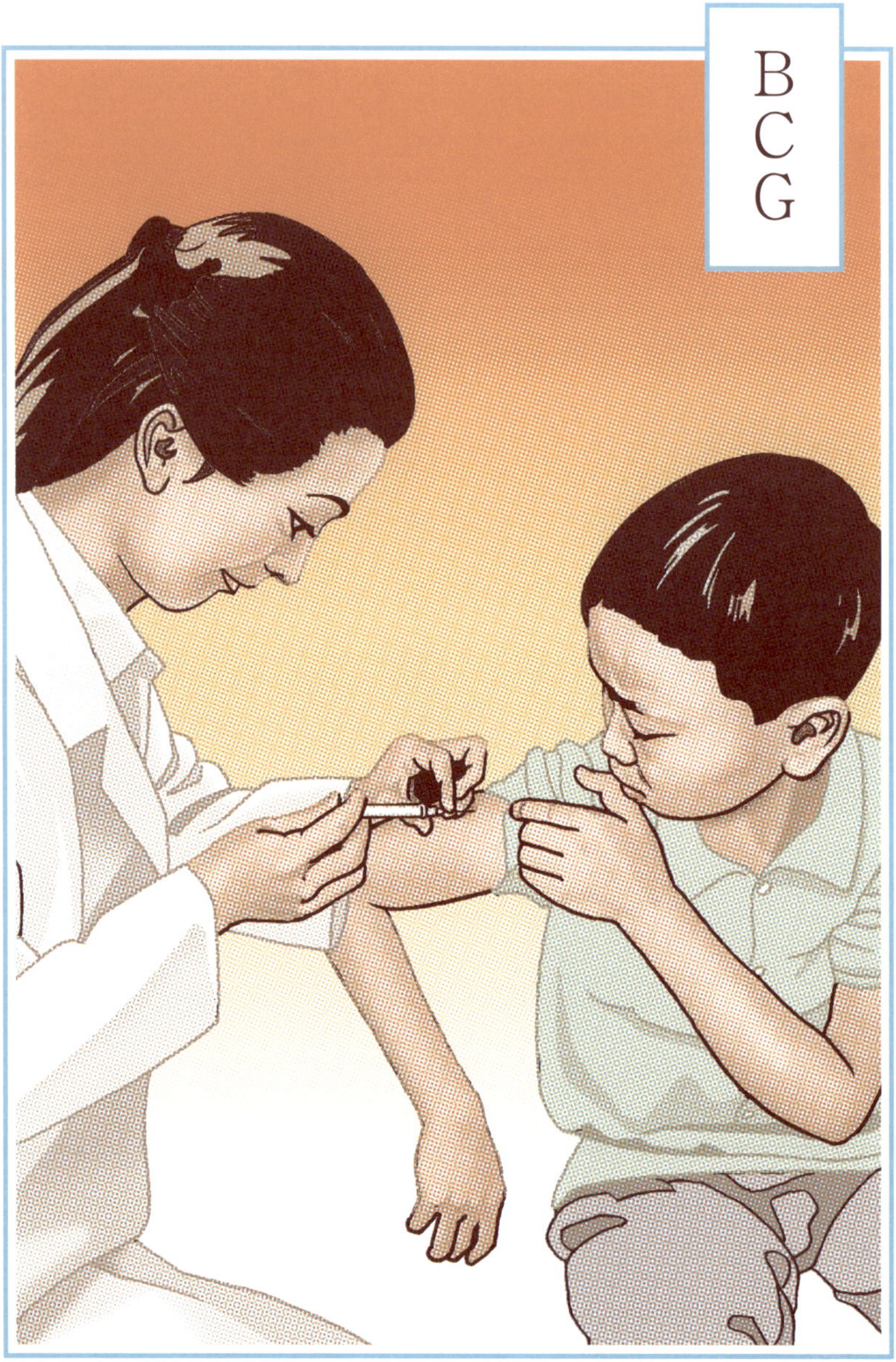
BCG

長い間、ぼくは注射に対して「肉体に鉄の管を突き射す野蛮極まりないもの」という敵意を抱いていた。注射のたびに泣きだす子がクラスにいて、そういう子を笑うことで、ぼく自身に襲いかかる恐怖を何とか凌《しの》いでいた。

その注射恐怖派にとって、特別厄介なのはBCG。「ツベルクリン反応」と呼ぶ結核反応検査の注射があり、その結果が陰性だと射たれる予防接種。つまり陰性判定が出ると改めて射たれる注射だから、泣く子に陰性反応が出ると、トコトン泣かされることになる。ツベルクリン注射の跡が赤く広がれば陽性。赤い部分が小さいと陰性。二度目の注射を嫌って注射の跡をピチャピチャ叩き、何が何でも陽性に見せかけちゃおうとする子がいた。気持ちはわかるが、今もこの世で健康に過ごしているだろうか？

六年生の頃だったと思うが、膝に水が溜まって医者に行ったことがある。医者は「水を抜こう」と言って、太い注射針をぼくの膝にズドッと突き刺した。あまりの惨《むご》さに、ぼくは一時的に死んだ。数分して生き返った時の医者の視線が冷たかった。

しかしまあ、あれこれ注射に毒づいたけど、こうして七十余年生きているということは、注射のお陰とも考えられる。良薬口に苦し、忠言耳に逆らう。

君の名は

「忘却とは忘れ去ることなり。忘れえずして忘却を誓う心の悲しさよ」

小学生には難解なナレーションだったが、番組の凄さは知っている。これが始まると、壁一つ隔てた女湯が妙に静まり返ったものだ。

空襲の夜、後宮春樹と氏家真知子は数寄屋橋での再会を約して別れる。そこからの物語が劇作家・菊田一夫の真骨頂《しんこっちょう》。恋しくも会いたくも、すれ違いを重ねるばかり。「ああもどかしい」「ああ切ない」と日本列島、女の吐息と溜め息ばかり。

翌年には映画化されたが、後宮春樹を佐田啓二が、氏家真知子を岸恵子が演じたことで人気の上にも人気が重なり、佐渡、雲仙、北海道…。すれ違いの場となったロケ地は、何処《どこ》もたちまち観光バスの立ち寄りスポットになった。気の毒なのは、佐田啓二、高橋貞二とともに『新・松竹三羽烏』と称されていた川喜多雄二。浜口勝則という憎まれ役を引き受けたばかりに、人気がパタリと止まってしまった。

主題歌も大当たり。子どもまでもが「き〜みの名〜は〜」と織井茂子ばりに口ずさむのは戴《いただ》けなかった。〝真知子巻き〟も大流行。若干無理を感じるおばちゃんたちも、気持ちは岸恵子だったのだろう。

あやとり

毛糸や紐を輪にして両手に掛け、指を入れたり外したり…。一人でも二人でも遊べるあやとり。青森では「とりあげ」、三重では「しずとり」、関西では「いととり」、和歌山や鹿児島では「いとかけ」と言うそうだ。

「平安時代から伝わる」と聞いて日本独特の遊びかと思っていたら、同様の〝ヒモ遊び〟は、世界中にあるのだと言う。技も各国各様に豊富で、高度になると口や足の指、肘や膝まで使うなど、公式に確認されたものだけで、その数二千種にのぼるという。

学校の休み時間に毛糸を取り出し、「ハイ川ね」とか「これは橋」とか「梯子《はしご》で～す」とか無邪気に遊ぶ女の子たちに、(それのどこが面白いの?)——と冷ややかな目を向けていたけれど、一本の糸から生み出す〝形〟の数が二千種と聞けば、最早それは一つの芸術。奥の深さを認めなくてはいけない。

折り紙、お手玉、あやとり…。思えば、女の子たちの遊びには優雅さがあった。ここで「優雅さがあった」と過去形にするあたりが寂しい。「ヤバイヤバイ」を連発しつつ、「アイツがさあ…」と呼び捨て会話の女の子たち。こうなるなんて、想像もしないことだった。世が進歩していると言うのなら、これも進歩の中の一つだろうか?

学校給食

東京を含む八大都市で小学児童を対象とする完全給食が実施されたのは、昭和二十五年七月。全国にまで拡大されたのは二十七年四月から。「コッペパンに脱脂粉乳、おかずとしては鯨肉」というのが、当初のぼくたちの定番だった。

脱脂粉乳が飲めなくて給食のたびに泣く子がいた。泣くほど辛《つら》いものが毎日出るほど辛いことはないだろうと、日々同情しながら、ぼくは自分の分をゴクゴク飲んだ。コッペパンも甘みゼロで全体的に不評だったが、ぼくは重曹たっぷりの甘食よりマシだと思っていた。鯨肉はなかなか噛み切れなくて顎が疲れたが、嫌ではなかった。

五年生になった頃、おかずにバリエーションが少し生まれた。カレーが出た日の記憶は一生ものだ。お代わりを五度も繰り返した。ぼくは元来大喰いではないから、多分、あれが自身の生涯大喰い記録になる。

学校とは有難いもので、チョコレート状にした虫下しが出たこともあった。その名は「アンテルミン」。嫌がる子もいたが、こちらの口にはご馳走だ。旨い上に薬剤としての効果もテキメンで、翌日尻から長～いやつがムズムズ出て来たのには驚いた。

ぼくは学校給食に満足していた。今の健康も、幾らかは学校給食のお陰だろう。

五徳

「五《ご》徳《とく》猫」という妖怪がいる。江戸時代の画家・鳥山石燕が描いたもので、頭に五徳を冠し、火吹き竹で囲炉裏の火を熾している二本の尾を持った猫だ。

地味に見える五徳が絵の題材となったのは、当時、火回りの主役だったからだろう。

五徳の形状は時代を経ながら変化しているが、その歴史は古い。現在の形は、桃山時代に千利休の指導下で茶釜などの開発にあたっていた釜師たちが生み出したもの。

それにしても「五つの徳目」とは大層な命名だと思ったが、よくよく吟味すれば、その名に恥じない活躍が読める。

例えば正月。居間の火鉢の五徳の上にお雑煮の鍋が運ばれる。網を乗せて餅を焼く。海苔を炙《あぶ》る。やかんを乗せて茶をすする。埋火《うずみび》にして汁粉をとろとろ温める。親戚がやって来ると、やかんに徳利を入れて新年の交歓に入る。

五徳の相棒は火箸、灰ならし、炭斗箱《すみとりばこ》、火熾し、十能《じゅうのう》、消し壺。その親玉的存在は火鉢。長いこと変わらぬものはよく出来ている。実家で五十年前まで使っていた火鉢が、現在のわが家の庭に鎮座している。先日廃品回収のオジサンが塀越しにギロリと見て、「それ使ってるの?」と訊くものだから、「毎日使ってる」と答えておいた。

蠅捕りリボン

食品を扱う商店にはつき物だった蠅捕りリボン。目立って多かったのは魚屋だ。天井から何本ものリボンが下がり、それを縫って飛び回る蠅たち。ゲームなら最高のスリルだろうが、うっかり触れてしまうと地獄に落ちる。そう思って見ていると、情が移って「そこはまずいぞ！」と叫びたくなる。

店頭の地べたには、円型の蠅捕り網が置いてある。中に魚の粗《あら》が入っていて、それを求めて蠅たちが入る。ところがこいつはマジック構造。一旦《いったん》入ると出られない。閉じ込められた蠅たちが、不帰の空間でわんわんと舞う。

蠅捕りリボンが髪に絡んで「困った」「泣いた」という話は、クラスの女の子から何度か聞いた。髪が届く低位置に、あんなものがぶら下がっているとも思えない。おとなしく見える童女たちも、家では蠅の如く舞っていたのだろう。

宮本武蔵が飛ぶ蠅を箸で掴《つか》んだと聞き、「止まっている蠅なら…」と試したことがある。結果は言わずもがな。長じて武蔵の『五輪書』を読んだら、「千日の稽古を鍛とし、万日の稽古を錬とす」とあった。そりゃ千日も万日も稽古をすれば、結構なことが出来るだろう。七十有余年、鍛錬無縁だった己を憂う。

旅芸人

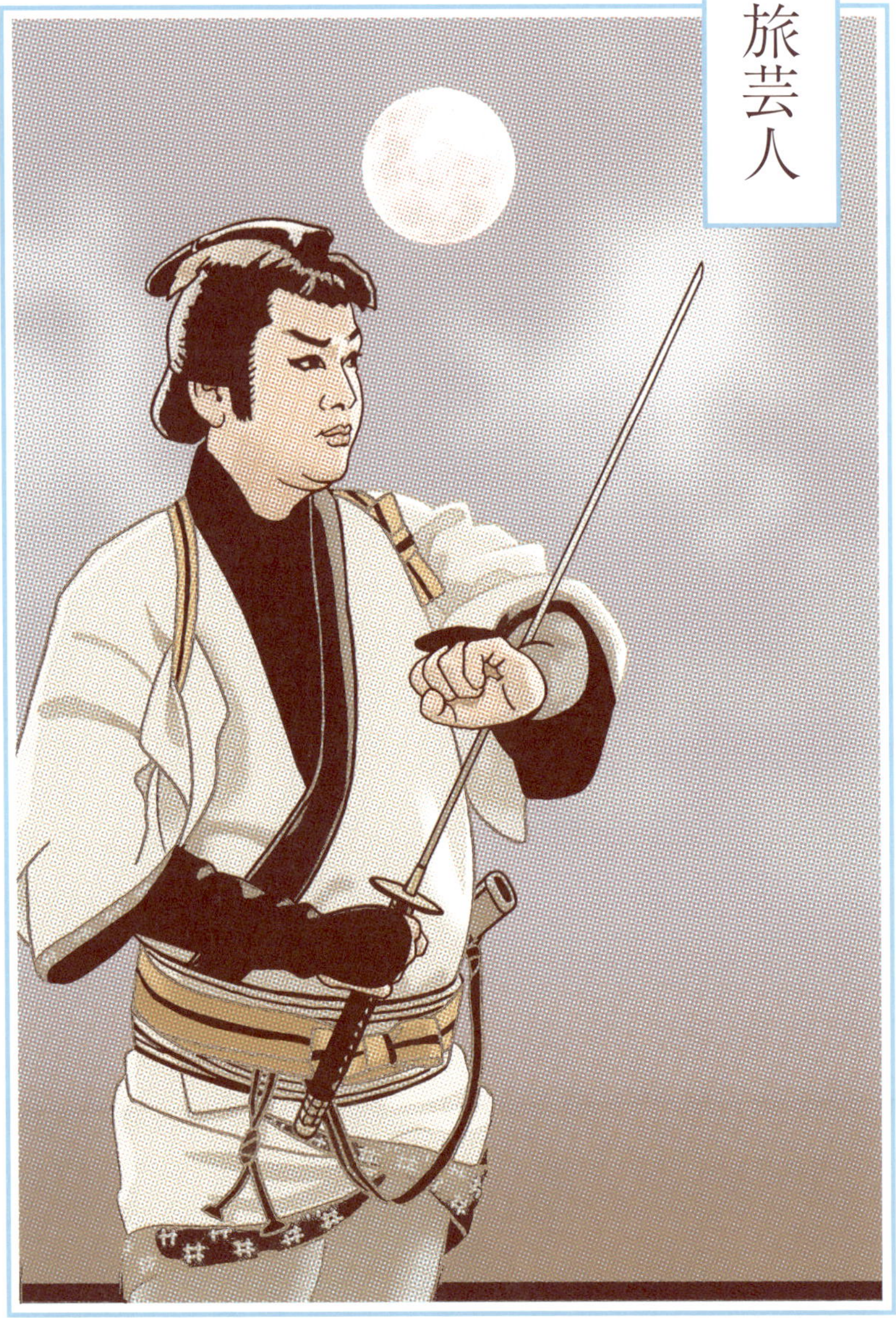

昭和二十年代後期にテレビが登場するまでが、旅劇団（いわゆる「ドサ廻り一座」）の黄金時代だった。

ぼくたちの町にも年に一度ぐらい、初見の劇団が巡って来た。その中に『秋月正二郎一座』というのがあって、有名でもないだろうに、なぜかその名は未だ記憶の中にとどまっている。それはチャンバラ劇団で、『鯉名の銀平』だったか『浅太郎月夜』だったか、主役の渡世人がチンピラやくざをコロコロと斬りまくっていた。

小さな劇団だから斬られ役は忙しい。バッサリやられて「わーっ！」と楽屋に転がり込んだかと思うと、ペラ一枚着替えて別人顔で再び登場。途端に一太刀肩口に浴び、「くそーっ！」と叫んで、また楽屋へと転がり込む。斬られ役がどんなに頑張っても、拍手喝采を浴びるのは主役の座長。「菅《すげ》の三度に風避け合羽《かっぱ》、ドスを抱き寝の旅鴉《たびがらす》…」などと大見得切って格好をつけると、客は痺《しび》れてお捻《ひね》りを飛ばす。

ぼくたちのクラスに旅芸人の子が転入して来たことがある。おとなしい男の子だった。小屋掛けだから、一度小屋を張ると一カ月は公演が続く。その一カ月が過ぎ、彼は静かに転出して行った。淋しい風がさわりと吹いた。

DDT

戦後しばらく、ニッポンは蚤《のみ》や虱《しらみ》の天国だった。

「蚤の夫婦」「蚤の息さえ天に昇る」「蚤の頭を斧で割る」「蚤の小便蚊の涙」——と、故事ことわざへの登場頻度からしても、蚤がぼくたちの生活に身近過ぎる寄生虫であったことがわかる。教室にいても、誰かの衣服から蚤がピョンと跳ねて出たり、女の子の髪の中では虱たちがかくれんぼをしていたり。蚤を捕まえたら、猿のように爪を使ってプチンと潰す。「人の猿真似」か「猿の人真似」か、元祖不明。

蚤や虱のあまりの多さに音を上げたのはGHQ。「息の根を止めてやる！」と、アメリカから持ち込んだ有機塩素系の殺虫剤を、米軍機から市街地に散布する乱暴極まる荒業までやってのけた。その殺虫剤というのがDDT。

ぼくたちの学校にも白い上っ張りのおじさんたちがやって来て、頭からシュッシュとDDTを吹きかけおった。えらいことをするもんだ。山間奥地から離島に至るすべての児童が、分け隔てなく頭からDDTを浴びせられた。

結果としてそれなりの成果はあったらしいが、自然環境への悪影響が明らかとなったことで、日本での使用は昭和四十六年に禁止された。

オブラート

オブラートは、苦い薬を包み込んで飲むためと、菓子類のベタつき防止用という二通りの目的で利用された。昔の薬は苦かったから、常備薬を持つ家庭だと、ちゃぶ台から手の届くあたりにたいていオブラートの丸い容器が置かれていた。飲みやすい薬が開発されるに至り、最近では、薬用オブラートをあまり見ることがない。

薬とは縁の薄かったぼくの場合、オブラートと聞いて連想するのは菓子類の方。ゼリーもキャラメルもオブラートに包まれていた。口に含んだ時、甘味がすぐには伝わらないので（このパラフィン紙みたいなやつが邪魔だなあ）とよく思った。

身近なオブラートとして想い出されるのは紅梅キャラメル。赤い包装箱で十粒入り十円。あまり美味くなかったが、中に巨人軍の選手カードが入っていて、ポジションごとの九枚と監督（水原茂）カードを合わせた十枚を揃えると、バットやグラブなどの豪華景品が貰《もら》える触れ込み。金持ちの子を夢中にさせたが、その十枚がなかなか揃わない。水原監督のカードだけ出現率がやたらと低かったのだ。買っても買っても揃わないので子どもたちの万引きが増えだした。特定カードの出現率の低さを公正取引委員会も問題にした。かくして紅梅キャラメルは六年で消えた。

かねこたかしの郷愁譚❸

遊び場

当時の遊び場としては空き地、路地裏の道ばた、お寺や神社の境内。特定の場所として想い浮かぶのはそんなあたりだが、実際には、どこもかしこも遊び場だった。

「今では遊べる空き地が無い」と、尤《もっと》もらしく言う親がいる。その殆ごが遊びを推奨しない親の弁ではないだろうか。遊び場として整備された公園は、今の方がずっと多い。「無い」で終わらせてしまったら、有るものまで無くなってしまう。

ぼくたちは、日々、群れとなって遊びまくった。日曜は朝から、月曜から土曜までは下校後、家にかばんを放り込んで神社の境内に集結した。

その日ごこで何をやって遊ぶかは、境内に集まってから決めた。なぜなら、ぼくらの地域は学区の境目で、遊び仲間が二校に分かれていたからだ。例えば、一軒隣のポン太は矢口東小学校でぼくは矢口小学校。下校後の相談を学校では出来なかったのだ。

決めたわけではないが、同じ遊びを二日続けることは無かった。「今日はビー玉だ」と決まれば、必要なものを取りに走って路地裏に再集合する。「野球やろうぜ」となれば用具を用意して多摩川の河川敷に向かう。ソフトボールや三角ベース、或《あ》いは用具の要らない遊びの場合は、場所を移すことなく神社の境内でやった。

神社の境内は近くて便利なのだが、困ることが一つあった。境内を突っ切ると駅に抜ける近道となるため、そのコースを利用する人たちによって、しばしば遊びが中断させられたのだ。「ここは道ではない」と言いたかったが、こちらも同じ不法使用。お互い様だから共存するしかなかった。

通行人は、通り過ぎるのを待つだけで済んだが、ある時、それでは済まない恐ろしい乱入者に襲われた。

ソフトボールに興じていた時のこと、褌《ふんどし》一本のオヤジが丸太ん棒をビュンビュン振り回しながら駆け込んで来たのだ。意味不明の叫びをあげ、誰かれ構わず威嚇する。

丸太ん棒をあまりに激しく振り回したものだから、褌がほどけてパラリと落ちた。ギョッとしたのはこっちだけ。本人はまったくもって気にしていない。下半身丸出しのまま、仁王立ちでギロリと睨《にら》む。その形相の恐ろしいと言ったらない。ぼくたちはグラブもバットも投げ出して、境内の塀を乗り越え避難した。

「あーびっくりした。何だよ、あの化け物」

「殺されるかと思ったよ」

この乱入者はその後も一度現れたが、正体は掴めなかった。

時は流れて成人後、神田の古本屋で何気なく買った本を読んでいて、「おやっ？」と思う場面があった。もしやと思って読み進め、ついにぼくは「あれだ！」と叫んだ。あの時の〝狂乱オヤジ乱入事件〟と変わらない情景が書き込まれていたのである。題名は『クラクラ日記』。著者は坂口三千代。坂口安吾夫人である。

ぼくの母は、町会費の集金係をやっていたので早速訊いた。

「あそこの角を曲がったあたりに、以前、気違いじみたオッサンがいたのを覚えている?」

「ああ、そんな人いたようね」

「名前、覚えている?」

「え〜と、坂口さん…とか言ったかしら」

「やっぱり!」

まさしく安吾だった。母は「坂口さん」を覚えていたけど、それが無頼派作家の坂口安吾とは知らなかった。睡眠剤アドルムを一度に五十錠だか百錠だか、とにかく常軌を逸した服用による幻覚行動だったのだ。

『クラクラ日記』を読んで知ったが、ぼくたちの遊びを中断させた通行人の中には、安吾を訪ねた壇一雄や石川淳、林房雄など著名人が多数いた。だからどうと言うことではないが、遊びの本拠地「安方神社」を想い出す時、郷愁話にスパイスを加えてくれた安吾の存在を、今は有難く思う。

七輪

太陽が西の空で赤みを帯びだすと、広場で遊びまくっているぼくたちの影が、分刻みで伸びだす。民家の二階よりも高い建造物は火の見櫓《やぐら》ぐらいだったから、伸びきった時の分身（影）の頭は、何メートルもの先に達する。

職場と家が近いのが当たり前の時代は夕飯が早い。遊びの影が伸びだすと、煙に運ばれて、さまざまな匂いが漂い始める。正体は、玄関前に持ち出された七輪の上のニシン、イワシ、メザシ…。鍋での煮炊きを屋外の七輪でやる家もあった。

「あっ、おまえんちサンマ！」

「おれんち、またダイコンの煮物かよ」

七輪のお陰で食生活は筒抜けだったが、隠すことは出来ないし、敢えて隠そうともしなかった。生活レベルが、ほとんど低い地点で一定だったからだ。

電化・ガス化で家庭での七輪利用は稀となったが、珪藻土でつくった七輪は、断熱性が高いので本体は焼けない。持ち運びに便利。赤外線の発生量が多く熱効率が高い。結果として燃料の節約にも繋《つな》がる——と多くの利点を持つ。先日、思いたって七輪を買い求め、ベランダで肉を焼いて食べた。昭和の匂いに満足した。

街頭テレビ

テレビは昭和二十八年二月にNHK、同八月に日本テレビが相次いで開局した。当初の価格は二十一インチ三十五万円。サラリーマンの平均月収一万五千円程度、東京—大阪間の国鉄運賃は三等で六百八十円の時代だから、買える人は限られていた。野球も相撲もプロレスも、見たいと思ったら、日本テレビの正力松太郎が駅前広場に設置した街頭テレビを見るしかない。

昭和二十九年二月十九日から三夜続けた力道山・木村政彦 対 米国シャープ兄弟戦。力道山が空手チョップを浴びせて白人の大男を打ちのめす。占領下に味わった屈辱晴らしに人々は熱狂した。新橋駅前のテレビには、一夜で二万人の群衆が押し寄せた。

当時、わが家の周辺でテレビを保有していたのは、そば屋と新聞販売店、他僅か。そば屋は、プロレスとプロ野球の巨人戦がある日は、一杯十五円の「もりそば」「かけそば」だけの客はお断り。三十円以上の客しか店内に入れて貰えなかった。仕方がないから新聞販売店に回ると、店の前に店主がドッカリ構えていて「おまえの家はこの新聞を取っているかい？」と聞く。「ぼくの家は○○新聞です」と正直に答えたら、「あっそう。じゃあダメだな」と追い払われた。

置炬燵

寒い冬も、ぼくたちは外で遊んだ。遊んでいる時も寒かったはずだが、厳寒の記憶はあまりない。遊びの躍動に夢中だったこともあろうが、どこへ行っても全館暖房など無い時代。ある程度の寒さには慣れっこだったということだろう。

それでも家に帰ると、「寒かったでしょう。ほら、早くあたりなさい」と、母が炬燵布団をポンポン叩いて勧めてくれた。一般家庭の暖房は炬燵と火鉢だけ。ヒーターなんて知らなければ欲しがりようもなく、炬燵は充分に有難い存在だった。

日没が早まると夕飯も早まるから、冬の夜はダラダラと長い。夏場なら外に出て涼むなり遊ぶなりも可能だが、真冬の夜はそうもいかない。結局、一家で一つしかない炬燵を囲んで過ごすわけで、そうなると何かが始まる。当時の炬燵は正方形が主流で、市販の炬燵板は、裏返すと麻雀卓となるラシャ張り仕立てが多かった。わが家のも同様だったが、当家にはパイも無いし雀士もいない。そこで始めたのが花札遊び。夕飯が終わると、ぼくは炬燵板をとっぱらった。花札遊びの催促だ。

炬燵に似あうのはみかん。わが家のみかんはいつも傷んでいた。みかんとはそういうものかと思っていたら、傷んだものを半値以下で買っていたとあとで知った。

紙芝居

紙芝居は、トーキー映画の出現で活弁の職を追われた弁士たちが生み出した日本独特の演芸である。

ぼくたちのホームグラウンド（遊び場＝神社の境内）には、毎日二人の紙芝居屋がやって来た。一人は拍子木で子どもを集め、もう一人は太鼓で集めた。

拍子木のおっちゃんは、笑うと抱きつきたくなるほど愛らしい表情を見せるのに、真実は異なもので、見物料代わりの駄菓子を買わない子を見るとコブラのような目になって「あっちへ行け」と言う。小学時代のわが家には小遣いというものが存在しなかったから、買わないのではなく買えない。買えなくても生意気盛りの小学校高学年。「あっちへ行け」と言われたぐらいで行きやしない。

もう一人は、拍子木のおっちゃんより多少若づくり。こちらは買わない子でも差別しない。さすれば、恩義の上にあぐらはかけない。わが親友も「小遣い無し組」だったから、渡世の義理ではないけれど、二人で時々は太鼓の巡回を買って出た。

「わはははははは…。ナゾーよ、よく聞け。秘密のマントは正義の印」太鼓のおっちゃん演じる黄金バット。その高笑いが心地よかった。

竹とんぼ

ぼくたちの筆箱には、たいてい〝肥後守《ひごのかみ》〟と呼ばれる小刀が入っていた。鉛筆を削るためだが、遊びにも使った。竹笛、割り箸ピストル、弓、パチンコ、ザリガニ釣りの笹竿…と、遊びの道具づくりに肥後守は欠かせなかった。

竹とんぼもつくった。竹を切りだし、ナタで割り、ノミやらキリやら、道具箱の小道具総動員の大仕事だった。軸穴が中心からずれていたり、左右の羽根の重さが均等でなかったりすると、うまく飛ばない。手を傷だらけにし、失敗を繰り返しながらも完成させることが出来たのは、徹底して遊べた時代だったからだろう。

現在、入学した児童全員に肥後守を持たせる小学校が長野県にあると聞いた。筆箱に入れて鉛筆はそれで削る。工作にも使う。『ナイフに親しむ週間』というのもあって、使い方を一年生に教えるのは六年生の役目。それを伝統にしているという。きっと、素晴らしい竹とんぼをつくると思う。想像力も工夫力も身につくと思う。

何年か前に二女夫婦がやって来た時、妻と四人で竹とんぼの飛ばし競争をした。いい歳をした大人ばかりが一時間以上も笑い転げて遊んだ。大人も昔は子どもだった――と、当たり前のことを新発見したが如《ごと》き一日だった。

ラムネ

独特の形状をしたラムネは、見た目もいいし手触りもいい。飲んでも清涼であるところから、長らく夏の風物詩として親しまれた。

イギリスで開発されたこのビン密閉方式は、ビンも栓もすべてリサイクルに回せるリターナブル（再利用）容器。地下鉄漫才ではないけれど、飲むたびに「このビー玉、どうやって入れたんだろう？」と不思議に思った。同時にその〝不思議感〟が、ラムネの味に一層の魅力を加えてくれた。

ラムネビンのリサイクル回数は、一本平均二十五回だそうだ。でもそれって、いつの統計だろう？　ビンの中でコロコロ転がるガラス玉を、昭和二十年代のぼくたちが飲み終わったからと黙って手放すはずがない。五円も出して買ったんだし。

日本にラムネが初めてやって来たのは、全国清涼飲料協同組合連合会によれば、ペリーが浦賀に来航した時だそうだ。艦上で幕府の役人に振る舞ったのが最初。その時、栓を開けたポン！の音を銃声と勘違いして、役人たちは一斉に刀の柄に手をかけたというエピソードが残されている。

最近は、キムチラムネとかカレーラムネとかもあるそうだ。なんだかな〜ぁ。

焚き火

♬垣根の垣根の曲がり角　焚き火だ　焚き火だ　落ち葉焚き♬

教科書にも載っていた童謡の『たきび』。焼き芋を焼いたり栗を弾かせたり…と、初冬の焚き火は子どもたちに暖を取る以外の楽しみも与えてくれた。

屋外で働く大人たちの多くも、冬場は焚き火を囲むことから仕事を始め、夕方には、その日に出したゴミを焚くことで仕事を終えた。

家庭の庭々からも、当時は焚き火の煙は立ち上っていた。燃えないゴミと言えばビンや缶。ビンの多くは販売元が引き取ったし、缶はクズ屋が買ってくれた。つまり、再利用出来ないゴミが焚き火に回ったわけで、季語は冬だが、焚き火は一年中のものだった。プラスチック、ビニール、発泡スチロールといった化学合成の物は無く、ダイオキシンの心配も無かった。「ゴミ」というモノを持つのは人間だけ。ゴミを生み出すのも、生んだゴミを嫌うのも、ぼくたち人間だけ。せめてぼくたちは、無害のまま自然界に還せるものだけを創造すべきではないか。

焚き火は神秘だ。青春時代に艱難辛苦《かんなんしんく》を綴った日記も、時期を経て心が晴れれば灰と煙にしてくれる。ユラ〜リ、ユラ〜リ、切ない過去よサヨウナラ。

姉さんかぶり

掃除はもとより、洗濯、裁縫、綿入れ仕事…と、家事全般に頑張る〝主婦の勤労帽〟とでも言うべき「姉《あね》さんかぶり」。その姿を見るにつけ「ああ、働くお母さんっていいいな」――みたいな気持ちが無意識の中で、誰の心にも蓄積されたと思う。「姉さんかぶりは看護師さんの白衣と同じ。さあ仕事をと思うと、手が自然と手拭いに伸びていましたよ。埃《ほこり》を避ける目的は当然として、やらなくてはいけない主婦の辛い仕事に対する〝勢いづけ〟みたいな意味もあったかねえ」とは、超高齢の縁者の弁。郷愁を語る時、その郷愁の多くを生み出してくれたのは、姉さんかぶりの女性（主に母）だったと気づく男性は多いと思う。

その姉さんかぶり、最近、目にすることが少ない。何より、手拭いそのものを見ることが少ない。あんな便利なものが、なぜお役御免になったのだろう？　体を洗い、汗を拭き、大掃除にはマスクにもなる。景気づけには鉢巻が一番。ドジョウ掬いの小道具にもなり、コソ泥の頬っかぶりにもなった。手拭いとしての一線を退いてからも、布巾となり、雑巾となり、身が擦り切れるまで働いて、最後は燃えて自然に還った。利用価値も環境貢献度もナンバーワン。復活を待望する。

赤電話

タ

バコ屋・薬屋の店先に置かれていた黒電話が、昭和二十八年から順次赤電話に切り替えられた。利用料金は一通話十円。安いようだが、十円あれば電車にも乗れた時代だから、どうでもいい話に使ったのでは安くない。だけど時間制限が無かったわけだから、どうでもいい話を徹底的に楽しむつもりだったらむしろ安い。

十円を惜しむトンデモナイ輩もいた。電話の通話料精算が通話のあとであることを悪用して、掛け終わったら精算前にタバコ屋・薬屋の店先から走って逃げる。しらばっくれて二度掛ける。市外に掛けたのに「都内だよ」と虚偽申告する。そんな卑劣な行為に手を焼いた電電公社は、電話機を〝硬貨投入式〟に切り替えた。

硬貨投入式とは、ダイヤルを先に回し、相手が出たら十円玉を投入する方式。投入すると、そこから双方向通話が可能になる。投入しなければ、相手の声だけは聞こえるけれど、こちらの声が相手に届かないから会話にならない。

その後の電話の進化は慌ただしかった。公衆電話に「十円で三分まで」の時間制限が出来た。ダイヤルが無くなった。コードも無くなった。持ち運べるようになった。今では小中学生のポケットの中にも電話器が無造作に突っ込まれている。

氷冷蔵庫

昭和二十八年を俗に「電化元年」と呼んだ。その時点での電気冷蔵庫の普及率は十パーセントそこそこ。主役の座にいたのは氷冷蔵庫だった。

氷冷蔵庫は上下に扉がある木製。上の扉に氷を入れ、下の扉に食品類を入れる。こうすることで湿った冷気が下に流れ、食品の冷蔵を保つという仕組み。効果は氷が溶けるまで。「それでは殆ご用をなさない」と、当時を知らない人は思うだろう。だが、コンビニもスーパーも冷凍食品も無く、主婦は食材を毎日買いに出ていた時代のこと。保存効果の短さを、それはご問題とはしなかった。そもそも、ビールやスイカは井戸水をたらいに汲《く》んで冷やすものだと思っていたし、アイスキャンディーは、溶ける前に食べ終えるものだと思っていた。

当時のぼくに至っては、冷蔵庫そのものの存在さえ知らなかった。ある日、お手伝いさん（当時は「女中さん」）のいるクラスメート宅に遊びに行き、そこで出された真夏のスイカがギンギンに冷えていることに仰天した覚えがある。

その氷冷蔵庫、寿命は長くなかった。神武景気が白黒テレビ、電気洗濯機、電気冷蔵庫の『三種の神器時代』をもたらし、その陰に隠れるように静かに消えた。

かねこたかしの郷愁譚❹

煙突

二本とか三本の煙突が、見る角度によっては重なって一本に見える。いわゆる「おばけ煙突」現象は、昭和二十年代の全国各地で見られた。

戦後の復興に向けて動きだした日本丸。乗員たる国民は、日本丸が向かう〝豊かな国〟を夢見ていた。驀進《ばくしん》することで破壊するかも知れない環境というものを、国も国民も殆ど問題視していなかった。

煙突は豊かな国への一里塚。そんな想いが人々の心にあったと思う。

京浜工業地帯の続きにあるぼくの町からも、煙突は何本となく見えた。どの煙突からも、復興の狼煙《のろし》がモクモク天に吐き出されていた。

ところが、隣町にある一本だけは煙を吐いていなかった。高さ二十メートルは有りそうな大煙突。空襲で焼け落ちた工場のものだ。あれこれ失い、独り淋しく立っていた。風呂屋の煙突よりずっと高い。てっぺんから、一体どこまで見えるのだろう？

小学坊主のぼくは、一度登ってみたいものだと思っていた。

ある日のこと、その工場跡地で遊んでいた仲間が「もう時間だから」と帰ってしまった。

（まだ早いのに…）

残されたぼくは、未練がましく煙突を見た。夕焼けが太い胴体を赤く染め始めている。登れば沈む夕日が見られそうだ。

「よし、登ってやる！」

ぼくは、かねてからの想いを実行に移すことにした。

数段登ってみた。どうということもない。また数段、また数段。とうとうてっぺん近くまで行き着いた。

想像通りの見晴らしだった。池上本門寺も、亀甲山らしい山も、多摩川も、六郷の鉄橋まで見えた。夕日も見えた。大満足。

さて降りようと下を見て、うへーっ！

その高いと言ったらない。手足が一気に固まった。動けない。降りられない。もう下を見ることも出来ない。横の景色が見えてしまうだけでも怖い。ぼくはそのまま、死に損ないのセミみたいになってしまった。

「誰か来てーッ！」と叫びたかったが、叫んだら、その途端に落ちる気がした。

（誰か気づいてよーっ）と願っても、カラスの声しか聞こえない。

薄暮が急ぎ足に闇を広げる。下からではもう見えないだろう。ぼくはこのまま、下には向かわず、上に向かって天上人となっちゃうのか？

「死」というものに直面したのは、この時が初めてだった。

その後の人生では何度もある。テレビの仕事で大学紛争取材中、全共闘学生が校舎屋上から投げた机や椅子がぼくを掠《かす》めたことがあった。ぼくは助かったが、他社の記者が直撃を受け落命した。搭乗機のブレーキがかからず滑走路を飛び出し、アテネ空港の草むらに突っ込んだこともある。ニューギニア高地を飛行中、小型機の胴体が突然剥《は》がれたこともある。オーストラリアの砂漠で、裸の原住民たちから槍を投げられ必死に逃げたこともある。

その都度（これで終わりか）と思った。怖いこと数多《あまた》の人生だったが、一つ挙げろと言われたら、迷うことなく煙突の一件だ。想い出すたび急所が縮まる。

では、どのようにして生還出来たのか？

それは、時間の針を回してくれた神さまのお陰である。神は太陽を富士山の向こうに沈め、闇をおつくりになった。闇は、ぼくの視界の景色を消した。景色が消えると「距離」も消えた。

距離が消えると、ぼくの手足の縛りも解けた。目を閉じたままソロリと一歩。つぎの一歩、また一歩…。

ぼくは大地に生還した。最大の親不孝者にはならずに済んだのである。

めんこ

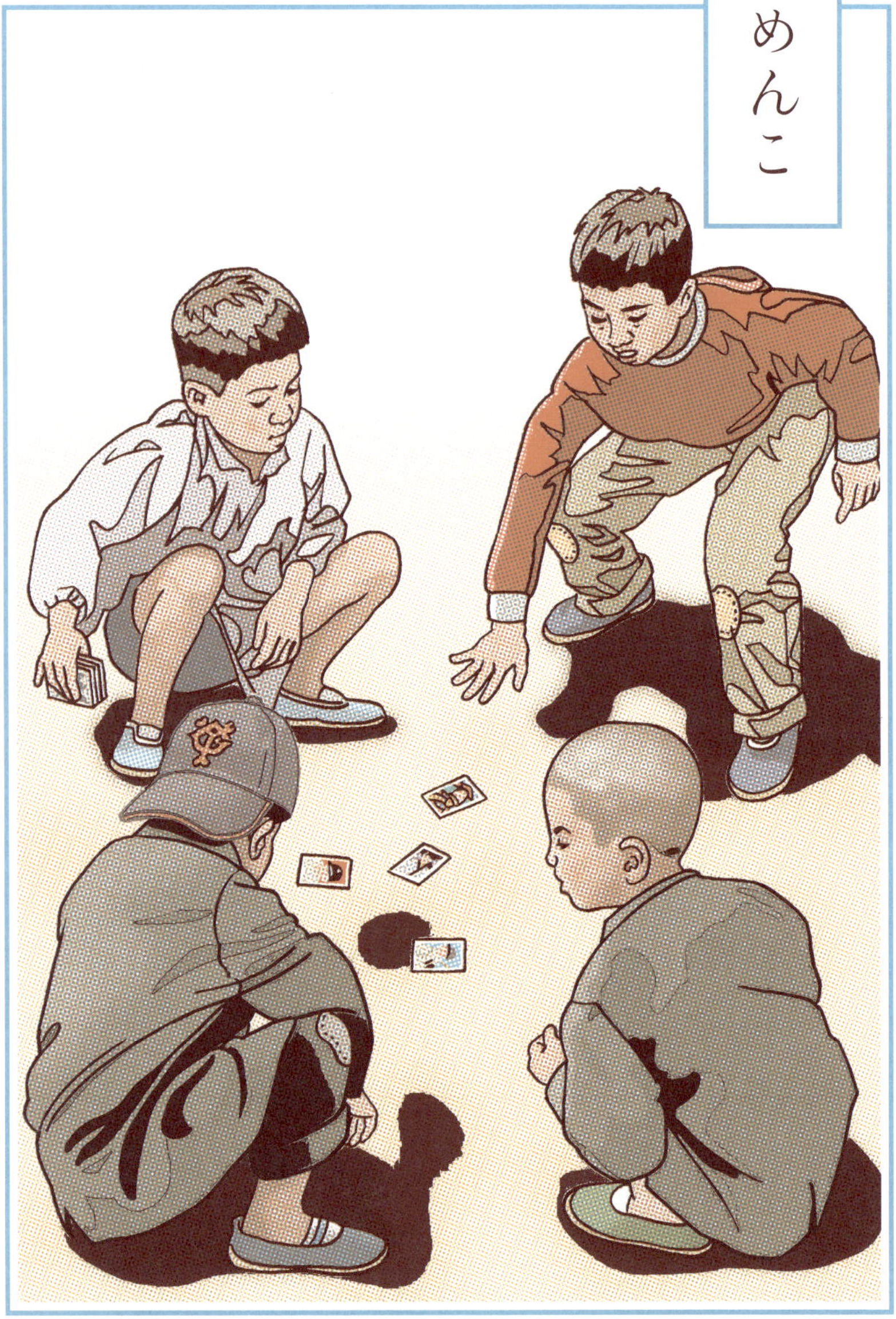

め

んこの始まりは、江戸時代に粘土を焼いてつくった『泥めん』。泥では壊れやすいというので、明治に入り『鉛めん』が登場した。ところがその鉛めん、鉛中毒が問題化して発売禁止に。そこから『紙めん』の登場となった。

『紙めん』が最も流行ったのは昭和二十年代ではなかったか？　路地路地に、めんこ遊びに興じるちびっ子の一団があった。遊び方はいろいろ。地面にめんこを打ちつけて相手のめんこを裏返すのが「おこし」。積み上げためんこの中からあらかじめ決めておいためんこを弾き出すのが「ぬき」。ぼくたちの中では「ぬき」が主流だった。

めんこの絵柄はヒーロー中心。丸めん（円形）は源義経とか木曽義仲といった武将絵が多かったが、「ぬき」に使ったのは角めん（長方形）。その絵柄は、相撲だと美男の横綱・吉葉山。プロ野球だと赤バットの川上とか青バットの大下。映画なら鞍馬天狗の嵐寛寿郎や丹下左膳の大河内伝次郎。架空では黄金バット…といったところ。

めんこは駄菓子屋で売っていたが、ぼくは買ったことがない。何枚か借りるだけで、夕方にはひと財産を生み出せた。ある時、それを塀の上からばら撒《ま》いて、みんなが拾うのを見てハッとした。これは最悪の行為だ…。今もトラウマとなっている。

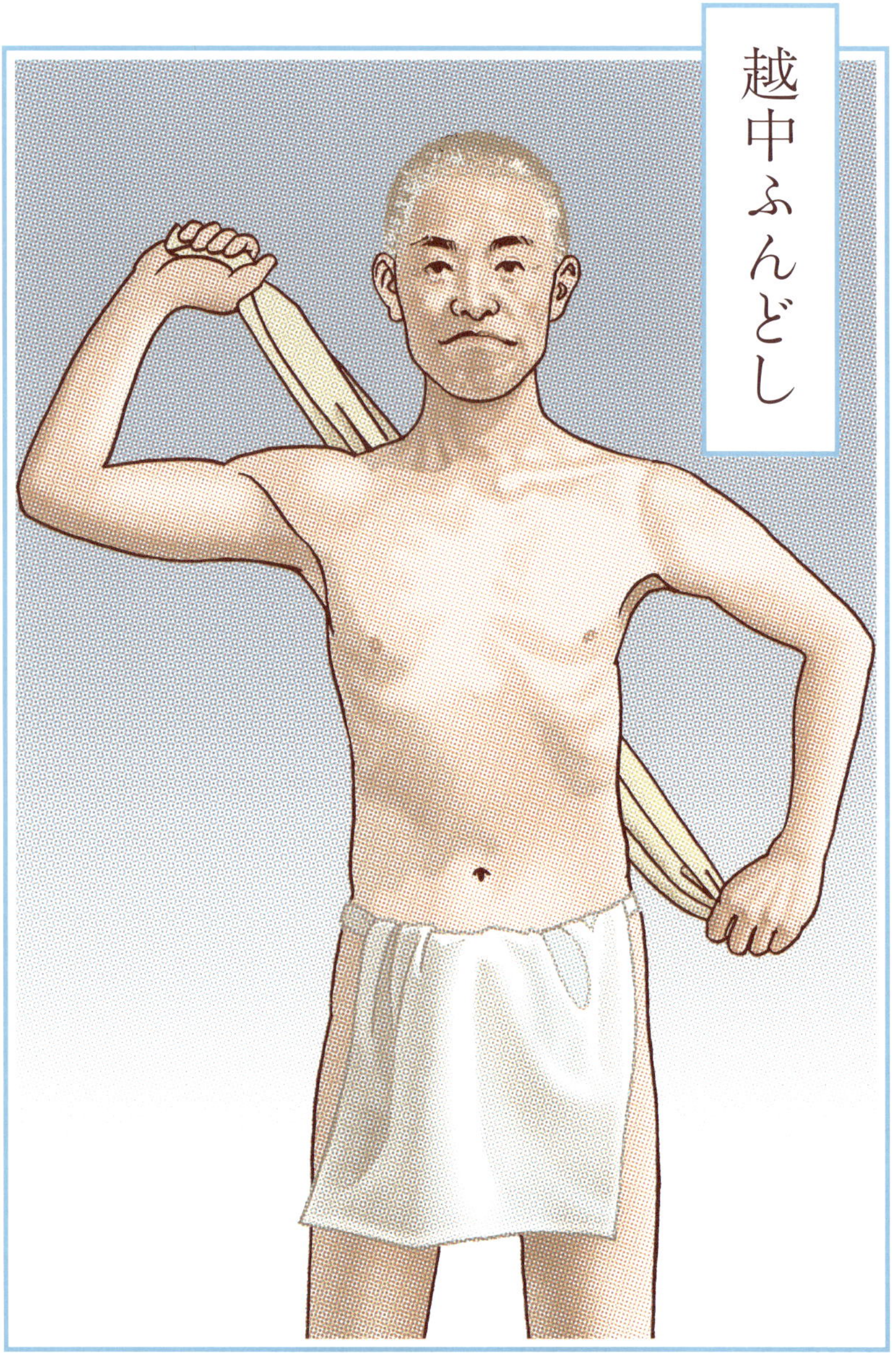
越中ふんどし

猿股が市販されるまで、ふんどしは男の下半身を覆う唯一の下着であった。猿股時代になってからも越中の愛用者はいて、ぼくの仲人もそうだったし、職場の先輩の中にも越中派は何人かいた。扱いは簡単だし、風通しがよく壮快だし、洗濯も簡単だし、何より勇者の風格がある…と愛用者らは思っていたようだ。寒風の庭で冷水摩擦をする人たちを見ることがあったが、彼らは人目を憚《はばか》らない。むしろ「見て欲しい」みたいな幼児的願望が感じられて可愛かった。大相撲、夏祭り、滝の荒行、寒中水泳…。それらに漂う豪気の魅力を、ふんどし派は愛してやまなかったのだろう。

小学三年の頃、多摩川での遊泳では、ぼくも市販の黒いふんどしだった。これは、一物を覆う三角の布に紐がついただけという簡素なもの。黒ではなく金色だったら、日劇ミュージックホールから借りて来たと思われそうな代物だった。

多摩川ではみんなもそれで泳いでいたのに、時の流れは貧乏家族だけを置いてきぼりにしてくれた。五年の時に参加した千葉県岩井の臨海学校では、黒い三角ふんどしがぼくの周辺から消えていたのだ。ハゲの校長先生は、黒いつなぎの海水パンツ。

世は〝明るいナショナル〟〝カンカン鐘紡〟時代に突入していた。

縁台将棋

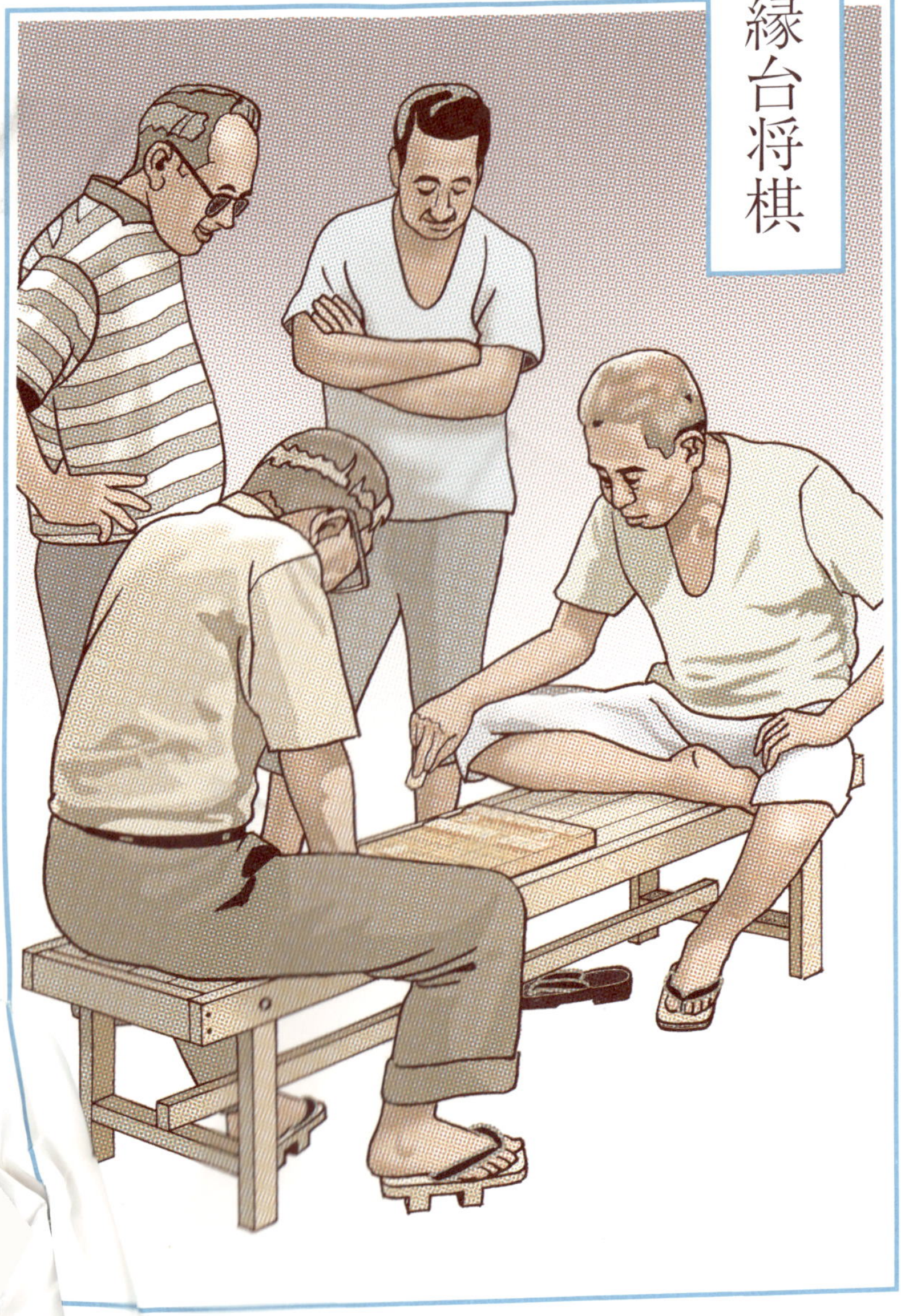

ぼくらの世代の父親たちは、仕事の帰りが早かった。通勤が徒歩であったり自転車だったりと、多くが職住接近だったからだ。夏は、帰宅して風呂なり行水なりでサッパリしてからでもまだ明るい。そんな時に始まるのが縁台将棋。

縁台将棋につきものは、お節介な野次馬。始めた途端にウジの如く湧いて出て、頼みもしないのに「あ〜だこ〜だ」と口出しを始める。「ほれ、馬が跳べばいいんだよ」とか「角の頭に歩打ちだろう」と、名人ぶった口利きが多い。

野次馬は判官びいきを気取って劣勢側に加担したがるが、負けると「弱過ぎるんだよね、あんたは」などと、不適切だった自分のアドバイスを棚に上げて敗者を腐す。

指し手と助っ人に力量の差があるかと思えば、そうではない。翌日には立場を替えて、昨日の敗者が助っ人になり「そこは銀打ちだろう」などと知ったかぶる。

縁台将棋に突出した強者はいない。強過ぎると誰も相手をしてくれないし、適格なアドバイスは、ヘボ同士の遊びを壊すことになるから歓迎されない。

ステテコやゆかた姿が消えて日が短くなると、ヘボ将棋も静かに消えて、来年の自然発生を待つことになる。まあ、蠅や蚊のサイクルと思えばよい。

お手玉

お手玉遊びの歴史は古く、鎌倉時代にはすでに一般的になっていた。

お手玉は駄菓子屋でも売られていたが、たいがいの子のお手玉は、お母さんやおばあちゃんの手づくりだった。もちろんその方が「自分のためにつくられた自分だけのもの」という想いがあって、愛着心も高まったと思う。

お手玉の中身は小豆が多かった。ジュズ玉、椿の実、大豆、小石などを利用したものもあったが、手にした感触、シャラシャラ鳴る音の心地よさ、大好きなおしるこや赤飯の材料。そうした好感度が重なって、断然小豆に軍配が上がった。

歌に合わせて、放り上げながら手の甲に乗せたり、指のトンネルを潜らせたりと、遊び方はさまざまで〝お手玉歌〟も全国各地各様だった。

「おてのせ　おろして　おつかみ　おろして　おさらい　おふたつ…」

母は姪のためのお手玉をつくった。つくりながら「うちは男の子ばかりだからねえ」と言った。出来上がると、「ほら、こうするの」と親玉・子玉を操りながら、ぼくの前で実演して見せた。ぼくは「ふ〜ん」と言ったきりだった。（女の子だったら喜んでもらえたろうに…）と思っていたことだろう。小さな後悔は尽きない。

真空管ラジオ

家庭の娯楽の主役は真空管ラジオだった。『私は誰でしょう』『とんち教室』『向こう三軒両隣』『二十の扉』『三つの歌』…。

『三つの歌』は、前奏を受けて三曲すべて歌いきれば合格という趣向の聴視者参加番組。ある時、テンポのよい前奏曲を受け、待ってましたとばかりに若い女性が歌いだした。ところが「たんたんタヌキのキ」のところで急停止。そこから先の言葉が出て来ない。正しくは「出て来ない」のではなく「出せない」ことに気づいたのだ。

「キ」のあとを続けたら「ンタマは〜、風もないのにブ〜ラブラ」となってしまう。子どもたちの間で流行っていた有名な替え歌が、当時は生放送、無防備の状態で飛び出したわけだ。普段笑うことの少ない父までがカッカと笑ったものだから、そっちの方も可笑しくて、ぼくたちは、手の舞い足の踏むところを知らぬほどに笑い転げた。

民放が誕生する昭和二十六年九月まで、ラジオはＮＨＫの一局体制。『鐘の鳴る丘』『三太物語』『笛吹童子』『紅孔雀』『ジロリンタン物語』…と、童心の記憶に残る番組も多い。のちに〝ＮＨＫ三人娘〟と謳《うた》われた黒柳徹子、里見京子、横山道代は、昭和二十九年の『ヤン坊ニン坊トン坊』がその評判の出発点だった。

自転車の三角乗り

三角乗りとは、ハンドルの軸棒とサドルを繋ぐパイプの下の逆三角形の空間に片足を突っ込んでペダルを漕《こ》ぐ乗り方。子どもが大人用自転車に乗る場合、普通に跨《また》いだのではペダルに足が届かないから、この乗り方をするしかなかった。

自転車は高級な乗り物で、どこの家にも有るというものではない。だけど、小学三年のぼくは、何としても自転車に乗りたかった。乗れるようになって、『青い山脈』の杉葉子演じる寺沢新子のように、多摩川の土手を颯爽《さっそう》と走りたかった。

目をつけたのは父の勤務先の自転車。父は毎日昼食を摂りに戻って来るので、食事中だけという約束を取りつけ、三角乗りの練習を始めた。

当時の自転車はリヤカーを引くのにも使ったぐらいで、その分、ガッシリしていてズッシリ重い。子どもが支えるだけでも大変なのに、尚大変だったのは、勤務先のには逆三角形の空間に店のブリキ看板が取りつけてあったこと。足を突っ込むスペースが下半分だけである。でも、これでやるしかない。母が後ろを支えてくれた。

一週間後、「わ〜っ、やったやった!」と母が叫んだ。ぼくはヨロヨロと走ってから、赤チンだらけの脚を地面にドンと着いて振り返った。最高に幸せな一瞬だった。

バナナの叩き売り

わが町の駅前通りには、毎週土曜日に夜店が出た。屋台、テント、敷物一枚…と、出店スタイルはさまざまだが、それが駅から左右に百店以上かそれ以下か、とにかく延々連なるのだ。毎週という頻繁なサイクルを考えると、香具師《やし》のみなさんにとって、わが町はそれなりに旨味のある商いの場だったのだろう。

ぼくも毎週出かけたが、ただ売るだけの店はチラリと見るだけ。足を止めるのは、売り手の口上やパフォーマンスが楽しめる店だ。例えば、毒蝮三太夫みたいな顔の毒消し売りが自分の腕をパ～ンと叩き、「こいつをハブに咬《か》ませる、咬ませる」と言いつつ、待てご暮らせご咬ませない。それはそれで、嘘っ八の羅列が面白かった。

バナナの叩き売りは、売り手と買い手の攻防が、見ものの聴きものだ。

「ごうだいこの房、何十本だか数えきれない。でっけえしょ。こいつを締めて只《ただ》の八百！　えっ、ダメ？　ダメかあ。よし、清水の舞台からピョンと飛び降り六百！あらっ、それでもダメ？　しみったれた町だなあ。これじゃ俺んとこのカカアが収まらねえぞ。え～い、持ってけドロボー五百両ぽっきだ！」

「買ったーっ！」の声が掛かる。当時はそれがサクラとは知らなかった。

買い物かご

冷蔵庫が無かった頃は、調理したおかずを（特に夏場は）明日、明後日へと持ち越せなかった。今夜の食事は今日つくり、明日の食事は明日やること——と、毎日食材を買いに出るのが主婦の仕事だった。それも、スーパーとかデパ地下など無いわけだから、魚屋、肉屋、八百屋、乾物屋…と、一軒一軒回って買った。

そうした日常で主婦が持って出た買い物かごは、誰のものもほぼ同形態。素材は籐、竹、イグサなど。手提げタイプの長方形で、優れていたのは底が平らだったこと。安定しているから、水平であるべきものを水平に保てた。

今のエコバッグやレジ袋では、注意しないと憂き目を見る。美味しそうな刺身のお造りだったのに、家に戻って開けたら、トレーの片側に重なりあって残飯状態になっていたり、ショートケーキが大暴れしてイチゴやサクランボを投げ出していたり…。あれほど便利な買い物かごだったが、共働きの世へと加速している今となっては、もう復活は望めない。アレを持って通勤電車には乗れないだろうから。

時代というものが、一つずつ〝優れモノ〟を追い出して行く。かつてあれほど買い物に利用されていた風呂敷も、『粋』という言葉を連れて、大方が消え去った。

手押しポンプ井戸

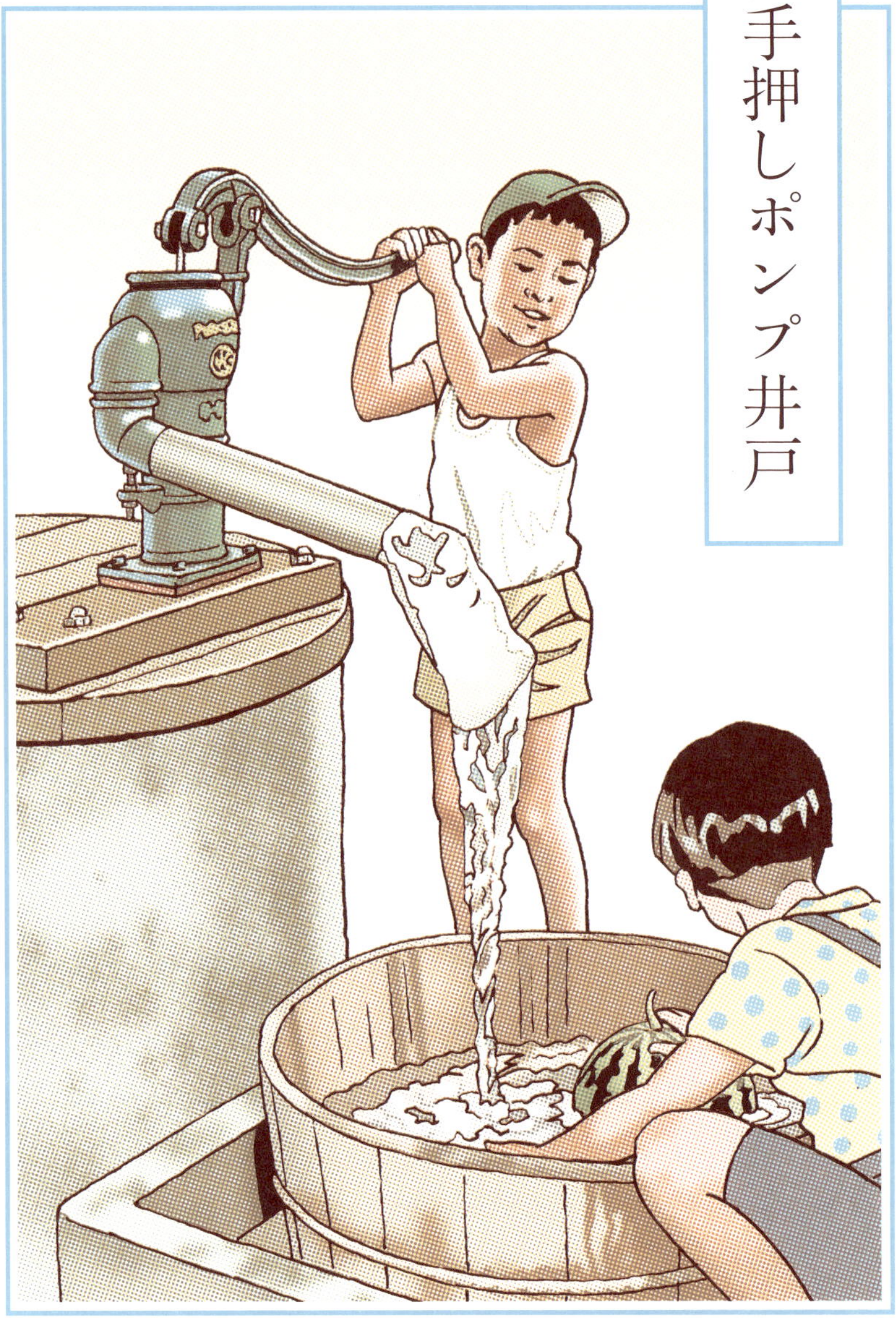

朝顔やつるべとられてもらひ水

元禄の俳人・加賀千代女の句は有名だが、その頃に「井戸端会議」という言葉も生まれたらしいから、千代女も井戸端での世間話に加わっていたかも知れない。

千代女の時代は「つるべ井戸」だが、ぼくらの時代は「ポンプ井戸」。把手《とって》を上下に漕いで水を汲み上げた。冬温かく夏冷たいのが井戸水。遊び回ったあとの炎天下の校庭で、頭からザブザブ、喉にガブガブ。これで生き返れた。いくら頑張ってもスカスカと空回りして汲み上がらないこともあったが、そんな時は〝迎え水〟を流し込んだ。

つるべがポンプに変わっても、お母さんたちの井戸端会議は続いた。トニー谷の子が誘拐されたとか、マリリン・モンローがヤンキースのジョー・ディマジオと新婚旅行でやって来たとか、三面記事の拡散は毎朝のこと。だけどあれは、近隣のコミュニケーション保持に大層役立ったと思う。

非常用・緊急災害用として、井戸端会議の共用井戸が、今もあれば役立つのに…とぼくは思う。インターネットでのやりとりだったり、一方的なつぶやきだったりと、かつてのような生身で向きあえる場が今の世の中には無さ過ぎる…とも、ぼくは思う。

アルマイト弁当箱

江戸時代まで弁当容器として使われていたのは、曲げ輪っぱとか、竹やイグサを利用した行李などだ。軽くて丈夫なアルミニウムが使われるようになったのは、明治中頃から。更にその後、アルミニウムの表面を酸化アルミニウムの被膜で覆う〝腐食防止技術〟が開発され、アルマイト弁当箱の誕生へと繋がった。

中学からはぼくも弁当。鞄《かばん》からアルマイト弁当箱を取り出すと、パッキンなど無い時代だったから、包装の新聞紙は染み出たおかずの汁でベトベト。教科書も数カ月でシミだらけ。それでもぼくは、「染み出し弁当」が好きだった。どんな味が染みてるにせよ、味つきごはん（麦めし）を愛していたのだ。

他人の弁当で涎《よだれ》が出るほど旨そうに見えたのは、土木現場で見たドカ弁。覗《のぞ》けば、たいていがおかかの「猫めし」とか「海苔弁」なのだが、汗まみれのおじさんやおばさんたちが食べる表情の輝かしさ。何と旨そうに見えたことか。

　男に混じって綱を引き　天に向かって声あげて
　　力の限りに唄ってた　母ちゃんの働くとこを見た

アルマイト弁当箱と聞くと、ぼくは美輪明宏さんの『ヨイトマケの唄』を想い出す。

かねこたかしの郷愁譚5

女の立ちション

当時を知らない世代は眉をひそめるかも知れないが、遊び場となる空き地や神社の境内などに公衆トイレは無かったから、三角ベースや缶蹴りの途中に尿意を催すと「タンマ!」と叫んで適当な場所に走り、ジョジョーッと用を足した。

女の子でも低学年までは、木陰で用を足すことが多かった。それが日常風景で、誰も咎《とが》めなかった。正しくは軽犯罪法違反なのだが、処罰された記憶もない。

だが、ぼくたちが見たあの時の立ちションは、絶対に処罰されるべきものだ。言語道断。有ってはならない。オバサンたちの集団立ちションを、今更《いまさら》ながらも糾弾する。

休日のぼくたちは、多摩川の河川敷で野球に興じることが多かった。そこは京浜第二国道の多摩川大橋のすぐ脇で、朝鮮特需の影響からか、国道の橋上をたくさんの大型車両がひっきりなしに往来していた。時々、米軍の戦車も通った。荷台に労働者満載のトラックも通った。

諸車行き交う中、ぼくたちが恐れたのは観光バスだ。通り過ぎて行く分には問題ないのだが、速度を落として土手に入って来たら、もういけない。

バスが止まってドアが開き、雑兵のように土手を駆け下りて来るのは、だいたいが着物姿のオバサンたち。スカートのお姉さんもポツポツ混じる。

これを見ると練習中断、試合中でも審判が「タイム！」をかける。そのあと、あるまじき悲劇が展開される。

土手を駆け下りたオバサンたちは、ぼくたちに尻を向けて着物の裾を捲《ま》くり上げ、立ったままの放尿に入る。横一列のナイヤガラ。溜めに溜めていたのだろう。全員が馬のよう〜に長い。

終わった者は裾を降ろし、着物の皺《しわ》をパッパと払う。そこでやっと人間性に目覚めて気まずく恥じらい、足早に土手を登って待機のバスへと駆け込む。

それにしても、立ったままとは恐れ入る。もともと穿《は》いていないのか？　脱いでバスから降りて来たのか？

女性のズロース着用が普及するようになったきっかけは、昭和七年の白木屋デパート火災である。当時のデパート女子従業員は和服であり、裾を気にして救命ロープでの脱出を拒んだ。結果として十八人の尊い命を失ってしまった。

話を戻す。

ぼくたちの本当の悲劇は、バスが去ったあとにやって来る。プレーが再開されると、そういう時に限って大飛球がライトに飛ぶのだ。「あ〜あ」と、守る側も打った側も溜め息をつく。ヌルッとしたボールが、内野に戻って来るのである。

大人になってからも、女性の立ちションで戸惑ったことがある。若くして（五十九歳）亡くなってしまったが、元オリンピック・スイマーの木原光知子嬢とオーストラリアの中央部にあるエアーズロックに登った時のこと。頂上でミミ（彼女の愛称）が言った。

「ねえ、かねこさん。飛ばしっこしません？」

「何を？」

「おしっこ。あたし、負けないと思いますよ」

「ゲッ」

即座に断った。ぼくはテレビの仕事をしていたから、「ニッポンのテレビ・クルーが当地の観光名所で、しかも聖地で放尿」などと書かれたら、えらいことになる。断る理由がもう一つあった。それは…。

（思うに、人体の構造上からすれば負ける筈《はず》がないのだが、彼女は世界に挑んだ猛女である。挑戦は自信の表れ。底知れぬ力を発揮するかも知れない。ここで万一負けるようなことがあったら、ぼくはその後に禍根を残す）――であった。

親愛なる猛女は今天空で、「余計なことを書きおって！」とおかんむりかなあ…。

おわりに

郷愁とは、〝過去の自分〟に会いに行くこと。

郷愁とは、かつての〝純真目線〟を取り戻すこと。

郷愁とは、沈みがちな〝心を浮かせる浮袋〟。

郷愁とは、この世に一冊しかない〝自分だけのアルバム〟。


これがぼくの郷愁感だ。

平成二十七年三月に『昭和郷愁かるた』という遊戯アイテムを創った。ぼくが小学時代を過ごした昭和二十年代を中心に、モノ・風俗・社会現象など、特に郷愁感あふれる事項を抽出した『かるた』である。本書にある五十枚のほとんどがその絵札。同世代のイラストレーター柴慶忠さんにお願いし、郷愁感豊かに仕上げていただいた。

完成した『かるた』を手にした友人たちは、「あら懐かしい！」「あったあった！」

「そうそう、これこれ!」と、口々に感嘆符を連発させた。これ、ぼくたち同世代の体に染みついていた「共通のノスタルジー感覚」が、うまいこと響きあった結果だろうとぼくは思う。

『昭和郷愁かるた』が認知症予防に最適だという話は、かるた創作後に聞いた。日本回想療法学会の小林幹児会長からは、「認知症予防には、記憶の維持と消失予防が最も重要で、その意味からこのかるたは、ボケ防止に効果的」とのコメントをいただいた。臨床心理士でもある上智大学教授の黒川由紀子先生からは、「このかるたがヒントとなって、それぞれの地域や場で、その場にあった工夫がなされるのでは…」と、高齢者対策としての期待の言葉を頂戴した。

そういうつもりで創ったわけではなかったが、斯様《かよう》な言葉を頂戴すると、「されば」の一歩を進めたくなる。『郷愁』が齢を重ねた人の力になるならば、それを望む方々を『郷愁』の門口までご案内――。そう考えたわけである。

ぼくたちは、昔はみんな子どもだった。子ども時代は楽しかった。あの場面、この場面。『郷愁の宝箱』には、過ぎし日の幾多《いくた》の感動が詰まっている。ところが、残念ながら感動の中身を忘れてしまい、『宝箱』を開けずにいるお年寄りが多い。

ぼくは、宝箱の中身を連想によって引き出すことを考えた。それがこの本。

『郷愁の宝箱』を開けていただけただろうか？　あなたの少年少女期が、じんわりと、しみじみと、うふふ…と、芋づるのように出て来ただろうか？　宝箱の感動が少しでも取り出せたなら、本書の狙いはそこにあり、ぼくの願いも成就となる。

あの頃　昭和二十年代

ぼくたちは太陽だった。

サンサンと照り輝いていた。

今だって輝いている。

だいぶ傾いた西の空ではあるけれど。

それは仕方ない。自然の一員なんだから。
でも、光はまだ残っている。
残った光であしたも輝こう。
精一杯。
そして
太陽が地平線にかかったら
「楽しかったよ」と言って
「ありがとう」と言って
「ではね」と言って
「さようなら」を最後に　静かに眠りに入ろう。
母の子守唄を聴きながら。

平成二十八年八月　かねこたかし

昭和のあの頃ぼくたちは小学生だった

発行日 2016年9月10日第1刷
2016年11月20日第2刷

Author	かねこたかし
Illustrator	柴慶忠
Book Designer	三木俊一(文京図案室)
Publication	株式会社ディスカヴァー・トゥエンティワン 〒102-0093 東京都千代田区平河町2-16-1 平河町森タワー11F tel 03-3237-8321(代表) fax 03-3237-8323 http://www.d21.co.jp
Publisher	干場弓子
Editor	林秀樹
Marketing Group Staff	小田孝文　井筒浩　千葉潤子　飯田智樹　佐藤昌幸　谷口奈緒美　西川なつか　古矢薫　原大士　蛯原昇　安永智洋　鍋田匠伴　榊原僚　佐竹祐哉　廣内悠理　梅本翔太　奥田千晶　田中姫菜　橋本莉奈　川島理　渡辺基志　庄司知世　谷中卓
Assistant Staff	俵敬子　町田加奈子　丸山香織　小林里美　井澤徳子　藤井多穂子　藤井かおり　葛目美枝子　伊藤香　常徳すみ　鈴木洋子　片桐麻季　板野千広　山浦和　住田智佳子　竹内暁子　内山典子
Productive Group Staff	藤田浩芳　千葉正幸　原典宏　三谷祐一　石橋和佳　大山聡子　大竹朝子　堀部直人　井上慎平　林拓馬　塔下太朗　松石悠　木下智尋
E-Business Group Staff	松原史与志　中澤泰宏　中村郁子　伊東佑真　牧野類　伊藤光太郎
Global & Public Relations Group Staff	郭迪　田中亜紀　杉田彰子　倉田華　鄧佩妍　李瑋玲　イエン・サムハマ
Operations & Accounting Group Staff	山中麻吏　吉澤道子　小関勝則　池田望　福永友紀
Proofreader & DTP	株式会社T&K
Printing	三省堂印刷株式会社

本書には現代では不適切とされる表現が使用されている箇所がありますが、本書の性質上、著者が体験した当時の時代背景を伝えるために、敢えてそのままとしています。(著者・編集部)

ISBN978-4-7993-1967-3